KB148767

건축, 우리의 자화상

건축, 우리의 자화상

건축, 우리의 자화상

초판 1쇄 2005년 10월 17일 찍음

초판 7쇄 2017년 8월 25일 펴냄

지은이 | 임석재

펴낸이 | 강준우

기획 · 편집 | 박상문, 박효주, 김예진, 김환표

디자인 | 최진영, 최원영

마케팅 | 이태준

관리 | 최수향

인쇄 · 제본 | 제일프린테크

펴낸곳 | 인물과사상사

출판등록 | 제17-204호 1998년 3월 11일

주소 | (04037) 서울시 마포구 서교동 392-4 삼양E&R빌딩 2층

전화 | 02-325-6364

팩스 | 02-474-1413

www.inmul.co.kr | insa@inmul.co.kr

ISBN 978-89-5906-017-8 03300

값 12,000원

계화된 세련됨으로 고속철 역사 | 최대한 위엄 있게 관공서 | 저 높은 곳으로 임하시는 교회 | 할리우드 키즈의 양식 영화관 | 지역의 맹주 백점 | 그리스 신전을 모방한 디즈니랜드를 모방한 에버랜드를 모방한 모텔 | 모사본의 세계 모델하우스 | 날로 광폭해지는 아파트 | 창이 안 리는 초고층 아파트 | 촘촘히 빼곡히 층층이 대형 의류매장 | 유교 자본주의의 메카 대치동에서 신림동으로 | 가장 수치스러워해야 할 테헤로 | 온 국민이 좋아하는 상업 고전주의 코린트식 양식 | 한국 근대사의 자주권 문제 파고다공원과 파고다학원 | 양극단이 혼재하는 우리의 실 최소공간과 최대공간 | 능선 보호법을 만들자 능선파괴 | 골목 속 놀이터를 살리자 광장 | 맨공기 권리를 제언하다 금연 | 서울의 진짜 나를 생각하며 도심복원 | 에필로그 지켜야 할 세 가지 것들

우리의 자화상

인물과 사상사

건축, 우리의 자화상

2005년 10월, 우리는 누구인가. 뉴스를 보고 있노라면 우리는 참으로 초라하기 짝이 없는 민족이라는 생각을 지울 수 없다. 사람들은 모두 돈에 미쳐 날뛰고 있다. 욕심을 부리며 남을 속이고 미워하고 싸우는 방법이 이렇게 많다는 것도 절실히 깨닫게 된다. 모든 사람들이 이렇지는 않겠지만 우리가 살아가면서 겪는 일상은 분명 탐욕과 대립으로 가득 차 있다.

그 한가운데에 건축이 있다. 건축을 돈 버는 수단으로 생각하기 때문이다. 건축도 부동산 투기의 폭격을 받은 지 몇 년 정도 되었다. 본래 건축과 부동산은 엄연히 다른 것이었다. 선진국에서는 부동산학과가 따로 있거나 경제학과 지역개발학의 연계 학문으로 운영된다. 우리나라에서는 부동산이 건축을 완전히 접수

해버렸다. 후기 자본주의 현상 가운데 하나로 치부해버리기에는 상황이 너무 악화되었다. 부동산은 주식과 함께 가장 손쉽고 한번에 가장 많이 돈 버는 수단이 되었다.

그 한가운데에 건축이 있다. 작품성 있는 중소 규모의 건물들은 점점 씨가 말라가고 대형 건설사가 주도하는 대단위 부동산 개발 프로젝트가 건축 시장의 대부분을 차지하고 있다. 일상생활에도 큰 영향을 끼치고 있다. 아파트 분양가는 일 년에 20~30퍼센트씩 가파르게 상승한다. 모든 국민들은 블랙홀에 빨려 들어가듯 투기 시장에 뛰어들고 있다. 가만히 앉아서 저축만 하다간 늙어죽을 때까지 집 한간 장만하지 못하고 무능한 패배자로 낙인찍히게 되어 있다. 온 국민의 '투기꾼화' 이다.

그 한가운데에 건축이 있다. 조형 환경은 날이 갈수록 기형화되어간다. 건물은 점점 커져만 간다. 휴먼 스케일은 상실되어간다. 겉은 화려하게 꾸미지만 정작 마음 편하게 기대서 쉴 포근한 공간은 점점 사라져간다. 집은 비싸지고 화려한 내장재로 꾸며지지만 가정과 가족은 점점 삭막해져만 간다. 우리에게 맞는 건물 모델을 차분히 탐구할 시간이 없으니 외국 것 베끼기에 의존할 수밖에 없다. 부동산 개발업자가 짓는 '저질에 고가' 건물도, 고급 건축가들이 설계한 예술작품도 모두 마찬가지이다.

서울도 시골도 똑같아져간다. 산만 한 건물들이 덩치를 겨루는 거인국에서 인간은 심한 소외감을 느끼며 살아간다. 건물의 모습들은 하나 같이 나라 이름 붙이기가 민망한 국제 고아들이다. 모두 우리 스스로가 자초한 것이다. 원인과 목적은 오직 하나, 돈 때문이다. 그 한가운데에 건축이 있다. 우리 주변에서 벌어지는 무자비한 조형 환경 파괴에 대해 모두 무감각해지며 공범이 되어가고 있다. 건축을 돈벌이로만 생각하는 한. 우리에게 돌아오는 대가는 정말로 가혹할 뿐이다.

투기는 투기 하나만의 문제가 아니다. 신기하게도 부동산 투기에는 우리 사회의 치부가 줄줄이 엮여있다. 동시대 문제만이 아니다. 가깝게는 군사독재 시절 압축 근대화의 문제점들, 좀 더 멀리는 일제강점기 때부터 시작된 우리 사회의 병폐들이 뒤범벅되어 있다. 아주 더 멀리는 전통 유교문화의 비뚤어진 가치관이 자본주의와 합세해서 우리의 인간성을 파괴하고 숨통을 조이게 되는 것 역시 부동산 투기대상으로서의 건축이다.

시대가 바뀌면서 양상을 달리한 지배계층의 탐욕과 수탈 기법이 고스란히 녹아 있는 것이 부동산 투기대상으로서의 건축이다. 한 사회, 한 시대에 어쩔 수 없이 나타나게 되어 있는 부정적 측면이 가장 잘 드러나는 곳도 부동산 투기대상으로서의 건축이다. 위에서부터 아래까지, 고관대작부터 민초까지, 저 높으신 분들부터 바로 우리 자신들까지, 온 국민의 창피하고 부도덕한 폐악이 적나라하게 드러나는 곳이 부동산 투기대상으로서의 건축이다. 여기에 그치지 않는다. 지배계층의 탐욕과 온 국민의 폐악과 우리 사회의 병폐들은 거꾸로 부동산 투기에 자양분을 공급하며 이것을 더 흉악한 괴물로 키운다.

후기 자본주의의 어두운 그늘이다. 재화란 본디 땀 흘려 일한 대가로 주어지는 것이었지만 이제는 다분히 추상적 존재들이 돈을 버는 세상이 되었다. 성기(盛期) 자본주의를 거치면서 쌓인 숫자로서의 부가 돈을 벌어들이는 시대이다. 건축은 물리적 실체가 강한 분야이다. 그러면서도 돈과 밀접한 관련을 갖는다. 추상적 돈벌이의 좋은 대상이다. 이 두 조건은 상충을 일으킨다. 물리적 실체를 추상적 돈벌이의 대상으로 삼다보니 본질이 심하게 왜곡된다. 조형 환경은 날로 추악해져만 간다. 지금 우리가 겪고 있는 혼란과 탐욕 바로 그것이다.

불과 몇 년 사이에 상황은 갑자기 나빠졌다. 그냥 지나칠 수 없었다. 자꾸 눈에 거슬리고 마음에 거슬리고 급기야 이래서는 안 된다는 생각이 머릿속을 가득 메웠다. 이런 속에서 더 이상 살기가 힘들었다. 근교로 도피성 이사를 했다. 눈에 보이는 것들은 오히려 더 많아졌다. 버스로 이동을 하다 보니 날로 위험해져만 가는 건축 현실이 고스란히 눈에 들어왔다. 무언가 써야 되겠다는 생각이 들기 시작했다.
그러던 중 한국일보에서 연재 의뢰가 들어왔다. 누군가 내 머릿속을 들여다보고 있다가 기회를 준 것 같았다. 그동안 비분강개했던 일들을 정리하며 리스트를 짰다. 사진 장비를 둘러매고 돌아다니며 자세하게 들여다봤다. 느끼고 또 느꼈다. 20회 연재를 했다. 아직 모든 사람들이 다 미치지는 않았다. 시원하다는 격려들도 많았다. 하지만 말장난으로만 끝나는 것 같아서 가슴이 아팠다. 신문에 연재한다고 달라지는 건 조금도 없었다. 그저 해장국 한 술 떠먹는, 아니면 벽에다 대고 욕이나 한번 해대는 속풀이밖에 안 되었다. 이 책은 연재를 모아 더 다듬고 발전시킨 것이다. 지면 한계 때문에 잘린 내용들도 다 담았다.

한 시대를 살아가면서 사람들이 해야 할 일들은 많다. 어두운 시대라면 고치고 바꾸어야 한다. 어두움이 너무 크면 개인으로서 어찌할 수 없는, 문명이니 역사니 하는 것들이 된다. 어두운 시대에 우리가 해야 할 역할은 어두운 내용을 있는 그대로 기록하고 비판하는 것이다. 대안까지 제시한다면 더 좋을 것이다. 작은 희망의 씨앗을 찾아 뿌려놓는다면 훗날 우리의 딸들이 좀 더 살 만한 세상을 만들기 위해 애쓸 때 조그마한 주춧돌이라도 되어줄 수 있을 것이다.

2005년 10월, 우리는 누구인가. 우리는 얼마나 잘못된 탐욕의 포로가 되어있는가. 우리는 집에 대해서 어떤 생각을 가지고 있는가. 우리가 갖고 싶은 집은 어떤 것인가. 우리가 집에서 기대하는 것은 무언인가. 우리는 지금 우리 스스로에 대해 무엇이라고 기록할 수 있을 것인가. 역사 앞에 일기를 쓰는 심정으로 건축에 비친 우리의 자화상을 기록해 보자.

2005년 10월

임석재

| 차 례 |

세계화된 세련됨으로 _ 고속철 역사

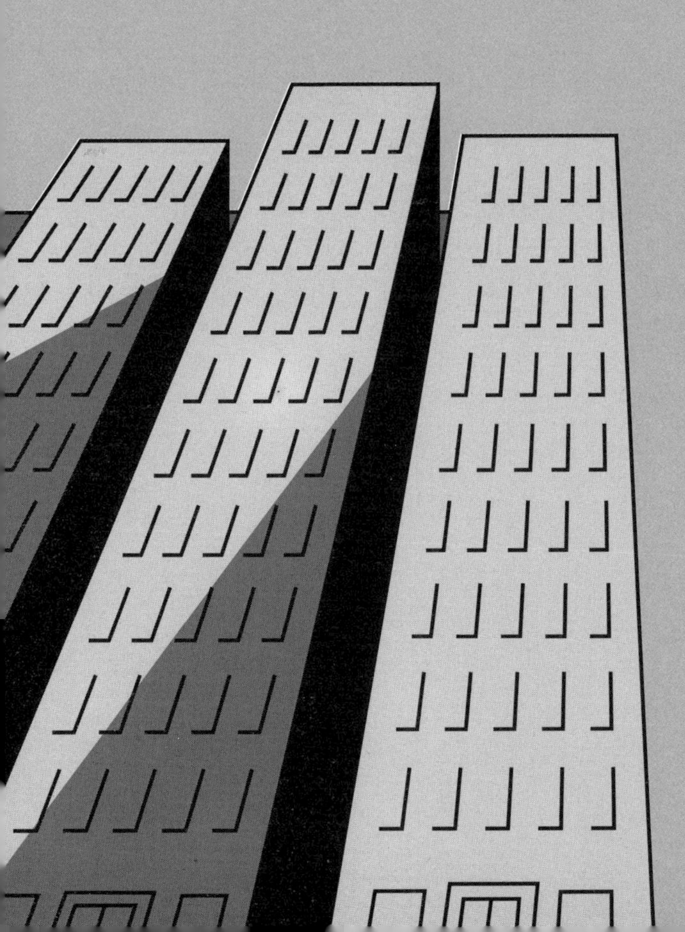

서울역, 용산역, 광명역, 천안아산역, 대전역, 동대구역, 부산역. 고속철 개통과 함께 최근 1~2년 사이에 새로 문을 연 한국의 주요 철도 역사이다. 간판을 떼고 건물만 보면 구별이 안 갈 정도로 그 역이 그 역 같다. 일편단심, 한결 같은 모습들이다.

비단 고속철 역사만 그런 것이 아니다. 인천역, 순천역 등 최근 새로 지을 준비를 하고 있는 역사들을 보면 모두 고속철 역사와 같은 모습이다. 천편일률이라고 할 만하다. 중앙에 대표 양식이 자리잡으면 지방에서 모방하는 형국이다.

문제는 두 가지이다. 한 가지는 대표 양식의 종류가 과연 온당한가이다. 다른 한 가지는 지역 방방곡곡이 대표 양식을 붕어빵 찍듯 따라하는 것이 옳은가이다. 요즘 기차 역사나 공항의 설계경기에 출품하는 안들은 모두 이런 종류이다. 조금이라도 다른 디자인으로 설계하면 마치 교복이나 군복 사이에서 사복을 입고 있는 것처럼 되어버린다.

왜 그럴까. 이런 디자인은 양식사로 분류하자면 전형적인 하이테크 건축이다. 일반 산업에서 하이테크란 굴뚝 중심의 중후한 중공업에 대비되는 경박한 첨단기술을 의미한다. 건축에서 하이테크 양식은 근대 산업재료를 현란한 구조미학으로 재가공한 경향을 일컫는다. 여기에서도 첨단적 이미지는 중요한 요소이다. 철골과 콘크리트의 육중한 산업구조물을 날렵하고 가벼운 금속 이미지로 화장하고 가꾸는 것이다. 밝고 투명한 유리는 빠져서는 안 되는 핵심요소이다.
이 말만 놓고 보면 하이테크 양식은 자랑할 만한 건축 양식이다. 산업화에 성공한 나라만이 지을 수 있는 양식이다. 게다가 비싸기까지 하다. 제대로 지으려면 평당 공사비가 일반 공법의 건물보다 최소한 두 배 이상, 보통은 몇 배 더 많이 든다. 일정한 부를 축적한 뒤에야 지을 수 있는 양식이다. 사용하는 부재나 디테일도 일반 철골과는 다르다. 부재의 종류가 훨씬 많아지며 세밀해진다. 부재와 디테일이 다르면 공법도 달라져야 한다. 역학계산, 접합방식, 현장기술 등이 모두 섬세하고 정밀해진다.
우리나라에 하이테크 건축을 처음 선보인 것은 포스코 사옥이었다. 이 건물을 짓기 위해 부품 생산회사를 새로 세웠다. 당시 건설에 참여했던 사람들은 우리

손으로 하이테크 건축의 부품을 생산해서 시공했다는 사실을 매우 자랑스럽게 여겼다. 험난한 산업화의 역경을 이겨내고 성공한 나라만이 가질 수 있는 양식, 기술과 경제력이 일정 수준에 이르지 못하면 엄두도 못 내는 양식이 하이테크 건축이기 때문이다. 마치 10년 입시지옥을 견뎌내고 일류대학의 합격증을 받은 것처럼 말이다.

이런 평가는 고속철 역사에 고스란히 해당된다. 이것이 대형 공공건물이고 첨단 교통시설이니 관련 공무원들은 이런 평가에 더욱 매달리고 싶어할 것이다. 서둘러 고속철을 개통해야만 했던 공무원들의 고심을 한 방에 속 시원하게 풀어줄 수 있는 도깨비 방망이 같은 건축 양식일 수 있다. 세계에서 네 번째로 고속철 기술을 보유하게 된 우리의 위상에 맞는 포장지가 필요했을 것이고 하이테크 건축은 이런 목적에 더 없이 잘 맞는 건축 양식임에 틀림없다.

과연 그럴까. 물론 일정 부분은 맞는 사실이다. 그러나 중요한 고민이 빠져 있다. 하이테크 건축은 일반 산업기술과 달리 순수기술의 문제가 아니라 문화의 문제라는 사실이다. 좀 더 일반론적으로 얘기해 보자. 기술이 과연 가치중립적이고 문화중립적인가.

산업혁명 이후 서구의 기술은 19세기 제국식민지시대와 20세기 자본지배시대를 관통하며 세계를 지배하는 행동대장 노릇을 해왔다. 지배를 합리화하기 위해 제2차 세계대전 이전의 근대문명에서는 국제주의를, 1960년대 이후의 현대문명에서는 세계주의를 기치로 내걸었다. 명분과 근거는 간단했다. 기술은 가

용산역 외부 전경. 상업시설이 기차역을 삼켜버렸다. 용산은 이렇게 손대서는 안 되는 곳이다. 이런 종류의 상업시설은 다른 곳에도 너무 많다. 한국 근대사의 아픔이 고스란히 남아 있는 용산은 다르게 접근되어야 했다. 이곳에서까지 싸구려 상업시설들이 반복되는 것은 용납할 수 없다.

치중립적이고 문화중립적이라는 주장이 그것이다.

그러나 사실은 이와 반대라는 것은 이제 너무 진부한 상식이 되어버렸다. 그 속을 들여다 보면 기술은 서구적 가치와 문화를 제3세계에 침투시키는 데 선봉장 역할을 해왔다. 이것을 바탕으로 텃세적인 지배와 침탈을 가능하게 해준 것도 모두 기술이었다.

용산역 실내 전경. 문제는 장식문양이 아니라 척도이고 공간을 짜는 기본 입장이다. 겨울 난방의 문제점을 지적받은 이 공간의 진짜 더 큰 문제는 사람들이 머물지 않는다는 점이다. 문만 열고 나가면 별의별 상업시설들이 내몰린 사람들을 기다리고 있다.

일반 기술도 이러할진대 건축 양식은 더 말할 필요도 없다. 원래 건축은 문화적 가치관에 강하게 종속된 예술분야이다. 산업혁명 이후 토목기술이 건축에 도입되면서 건축에서도 일반 산업분야에서와 유사한 순수기술의 개념이 생겨났다. 하이테크 건축은 그 끝에 서있는 양식이다. 이런 정의는 일부 서구 건축가들도 바라던 것이었다. 그들도 그들 나름의 입장에 따라 문화예술에서 해방된 순수기술로서의 건축을 갖고 싶어하는 건축가들이 있었다. 그러나 건축에서는 이것이 불가능하다는 것이 다시 한 번 확인되고 있다. 하물며 기술이 양식 이름을 가진 건물에 편입된 다음에야 더 말할 필요가 없는 것이다.
더 큰 문제는 이런 양식이 기차역사에 쓰였다는 사실이다. 개인 기업 같은 사적 영역에 쓰인다면 그것은 개인적 취향의 문제로 치부해버릴 수 있다. 파급 효과도 훨씬 작다. 회장님의 철학과 세계관이 그렇다는 바에야 남이 이러쿵저러쿵 간섭할 일이 아니다. 그러나 서울역, 대전역, 동대구역, 부산역과 같이 우리나라를 대표하는 대도시의 중심 역에 쓰이는 것은 곤란하다. 기차역사란 그렇게 간단한 문제가 아니기 때문이다. 기차역은 정신적 중심지는 못 될지라도 문화적 중심지는 될 수 있다. 건축 양식을 무엇으로 할지는 여기에서 중요한 기준이 된다.

서구는 19세기부터 오랜 기간을 거쳐 기차역사에 가장 적합한 건축 양식을 탐구한 경력을 가지고 있다. 언제나 해답은 자국민의 민족적 자부심과 정체성을 가장 잘 표현해주는 양식이었다. 20세기에 들어와서도 마찬가지였다. 근대적 산업 양식이 등장했지만 이것을 민족적 양식으로 만드는 것을 잊지 않았다.
하이테크 건축은 그 끝에 나온 양식이다. 하이테크 건축은 기술을 공예적 이미지로 연성화(軟性化)시킨 서구식 장식 양식이다. 그 이면에는 전지구적 침탈을 통해 부를 축적한 서구식 후기 산업사회의 여유와 교만이 숨어 있다. 프레데릭 제임슨의 반성적 비판으로 해석해 보자면 세계화의 음모를 감추어 포장해내는 포스트모더니즘의 위장술이 기술로 구체화된 경우이다.
최근 서구에서도 대형 교통시설은 하이테크 양식으로 짓는 일이 빈번해졌다. 우리의 고속철 역사에 교복이나 군복처럼 하이테크 양식이 등장하는 것은 이런 서구의 유행을 비판 없이 모방한 것이 아닌가 걱정을 해본다. 서구의 교통시설에 하이테크 양식이 빈번하게 쓰이는 것은 이것이 세계보편적인 가치를 갖기 때문이 아니라 그네들의 정체성을 대표하는 문화 양식이기 때문이다. 하이테크 양식은 서구의 민족양식이라는 의미이다.

서울역을 예로 보자. 오래된 본관이 있다. 이것과의 역사적 연속성에 대한 고민은 처음부터 빠져 있었다. 일제강점기 때의 건물이라 싫다는 애국적 발로도 아니다. 주변의 오래된 건물에 대해, 그리고 기차역사에 꼭 맞는 건축 양식이 어떤 것일지에 대해 그저 아무 생각이 없는 것에 불과하다. 중간에 엉뚱한 대형 마트를 완충재처럼 끼어놓고는 슬며시 한쪽 끝에 하이테크 양식으로 새 역사를

서울역 외부 전경. 한국의 관문이라 하기에는 한국적 정체성이 결여되어 있다.
이런 종류의 하이테크 건축 뒤에는 서구의 문화 논리가 강하게 숨어 있다.

지어버렸다. 그나마도 하이테크 건축 특유의 구조적 농축력은 확보하지 못했다. 후기 모더니즘에서 충분히 진화하지 못한 어중간한 상태이다. 찐빵 부풀린 것처럼 엉성하게 커지기만 했을 뿐이다.

하이테크 양식으로 기차역을 지을 경우 발생하는 중요한 문제점 가운데 하나로 대형 공간을 들 수 있다. 현재 지어진 모든 고속철 역사에서 공통적으로 관찰되

서울역 실내 전경. 굵은 파이프 구조물이 수도 없이 급하게 반복되는 대형 공간 속에서 사람들은 모태 분리와 같은 공포감을 느낀다. 반면 화장실이나 가게 같은 정작 필요한 시설들은 한쪽 구석에 야박하게 처박히듯 몰려 있고 넓이도 턱없이 좁아서 항상 불쾌하게 붐빈다.

는 현상이다. 하이테크 양식은 멀리서 보면 섬세하고 여성적으로 보이지만 각 부재 단위는 의외로 크다. 이런 큰 부재들이 수도 없이 반복되기 때문에 하이테크 건축은 기본적으로 대형 공간에 적합한 양식이다. 대형 공간이 후기 산업사회에 나타난 전형적 건축현상 가운데 하나임을 볼 때 이것의 골격을 하이테크 양식으로 짜는 것은 죽이 맞는 일이다.

이렇게 대형화된 공간 속에서 개인은 인간 중심의 척도를 잃고 정신적 소외감에 빠진다. 차가운 금속재료와 속이 다 들여다 보이는 유리 사이에서 개인의 인격은 상실된다. 여름과 겨울에 냉난방의 환경문제도 심각해진다. 사람들은 머물고 싶어지지 않는다.

이렇게 큰 공간을 지어놓고 사람들은 덧없이 스쳐지나간다. 그 큰 공간을 대형화된 상업시설이 가득 채우며 점령해버렸다. 서울역은 상업화의 오염은 좀 덜하지만 썰렁한 대형 공간이 사람을 압도하는 문제는 가장 심각하게 드러나고 있다. 용산역은 대형화의 문제는 좀 덜하지만 이것도 이유가 있다. 많은 면적을 상업공간이 차지해버린 것이다.

이것은 물론 유럽을 모델로 삼은 것이다. 유럽에서는 기차역이 대부분 도시의 중심을 이루고 있는 것이 사실이다. 이를 위해 상업시설이 더해지는 것도 20~30년 전부터 유럽에서 먼저 나타나기 시작한 현상이다.

그러나 상황은 우리와 완전히 다르다. 먼저 도시 내에 기차역 이외에 성당, 박물관, 시민회관 같은 정신적 중심지가 따로 있다. 유럽에서 기차에 대한 교통의 존도는 우리보다 훨씬 높다. 그 역사도 150년이 넘었다. 단순히 교통중심지를 넘어서서 문화적 의미를 갖춘 역사적 중심지가 되어가고 있다. 상업시설이 들어오는 경우는 주변에 다른 변변한 상업시설이 없을 때이다. 기차역이 도시의 중심이 되고 거기에 상업시설이 더해지는 현상이 양과 질 모두에서 역사와 시간이 자연스럽게 축적된 결과이다.

천안아산역 실내 전경. 이용객 수나 역의 규모에 비해 과도하다.
인간적 척도로 꾸미기에 적합한 규모인데 좋은 기회를 놓쳤다.

그에 반해 우리는 이런 조건을 전혀 갖추고 있지 않다. 그런데도 너무 억지로, 너무 짧은 시간에, 우리에게 맞는지의 여부를 심각하게 고민하지 않고 서구식 모델을 좇아가기에 급급한 실정이다.
주변에 넘쳐나는 것이 백화점이요 대형 마트요 멀티 플렉스인데 왜 기차역에까지 삼중 사중으로 이런 시설들을 꽉꽉 채워 넣어야 하는지 이해가 되질 않는다. 시민들은 시설이 생기면 몰려들어 사용하게 되어 있다. 개인 기업이 하는 일이라면 몰라도 정부 공공시설인 기차역에까지 이런 시설들이 중복 투자되고 있다. 정부에서 소비를 부추기는 것으로밖에 보이지 않는다.

건축기술은 다른 기술과 달리 문화적 지배를 강하게 받는다. 더욱이 이것이 양식으로 전환되고 나면 더 이상 기술이 아니라 문화예술 어휘가 되어버린다. 따라서 외국의 건축기술이나 기술 의존적 양식 사조를 수입하는 것은 곧 그 나라의 문화와 예술을, 즉 정신과 혼을 수입하는 것이 된다.
건축기술은 무기나 일반 산업에서의 기술과 다르다. 우리 손으로 하이테크 부재를 생산해냈다고 좋아할 일은 아니다. 그것은 여전히 서구 양식의 수입일 뿐이다. 휴대폰에서도 가격의 절반이 넘는 부품을 일본에서 수입하는 일이 큰 문제가 되고 있는 판국이다. 후기 산업사회로 올수록 기술은 더욱 문화침투의 양상을 강화시켜 나가고 있다. 하물며 하이테크처럼 처음부터 문화적 색채를 강하게 띈 건축기술을 수입하는 일은 신중해야 한다.

하이테크 건축은 기술로 시작하지만 결국은 예술 양식으로 귀결된다. 단순한 기술의 문제가 아니라는 의미이다. 이 과정에서 서구의 문화적 의미가 침투한다. 이것을 (침탈의 의미가 배제된 좋은 의미의) 세계화로 볼지, 생각 없는 서구 문화의 모방으로 볼지는 곰곰이 따져 볼 일이다.

실제로 고속철 역사에 하이테크 양식이 우후죽순 격으로 등장한 현상은 IMF 사태 이후 서구의 투기성 자본의 침투와 궤를 같이한다. 또한 프랑스에서 고속철 기술의 수입과도 맞물려 일어났다. 이것이 후기 산업사회에서 기술의 의미에 대해 우리가 갖고 있는 인식의 현주소이다. 기차역과 같은 도시의 중심 공간을 서구식 하이테크 양식의 대형 공간으로 지어놓고 그 속을 다시 상업시설로 가득 채우며 선진국에 올라섰다고 좋아하고 있는 현실, 이것이 우리의 자화상이다.

최대한 위엄 있게 _ 관공서

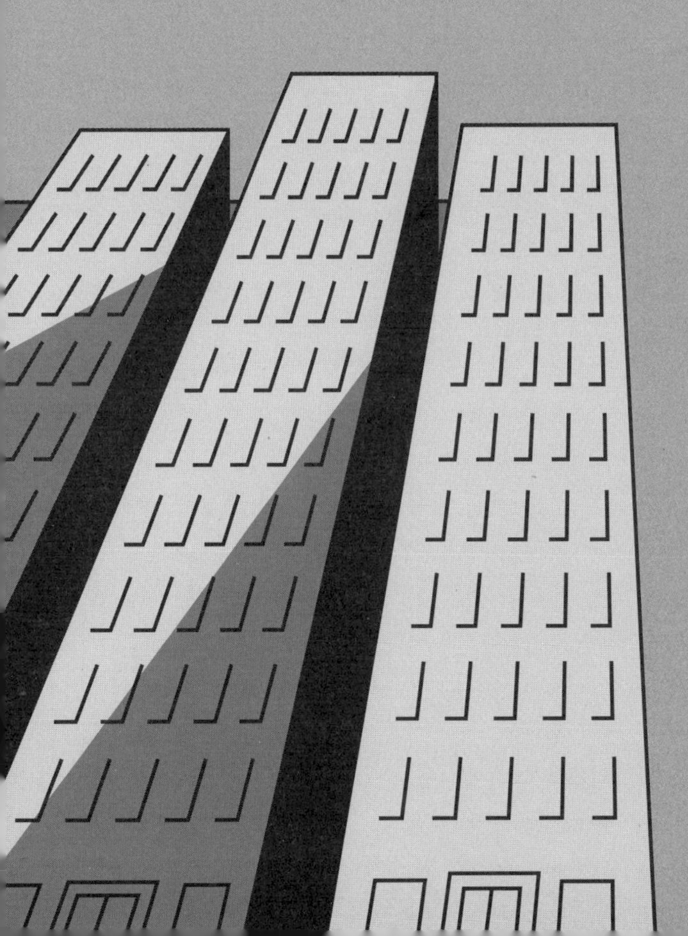

구청, 군청, 시청, 법원, 검찰청, 경찰청, 문예회관, 문화회관, 박물관, 공공도서관, 의회 건물, 여러 종류의 행정청사들. 관공서 양식의 대표적인 건물 종류들이다. 공무원 양식이라고도 불린다. 관에서 발주하는 관급 건물에 공통적으로 나타나는 특징을 비꼬는 말이다. 우리나라에만 있는 말이기도 하다. 공무원이나 관청과 관련하여 형성되어 있는 일반적 차원의 부정적 이미지가 건축에서 나타난 현상이다. 건축을 예술적 창작성이나 작품의 질로 승부하려는 건축가들의 공포심과 분노를 대변하는 말이기도 하다.

관에서 발주하는 공사는 일반인들이 생각하는 것보다 훨씬 많다. 지방자치제 실시 이후 웬만한 시 · 군 · 구는 관청, 의회건물, 문예회관, 박물관, 도서관 등으로 구성되는 관공서 건물들을 세트로 갖추어가고 있다. 이런 건물들은 건축가들의 설계시장에서 큰 비중을 차지한다. IMF 때나 최근의 장기 불황에서도 관급공사는 꾸준히 증가하면서 설계시장을 지탱한 버팀목 구실을 했다. 관급공사는 또한 설계비 떼일 걱정을 안 해도 되는 안전한 프로젝트이다.

관급공사는 양적인 측면뿐 아니라 질적인 측면에서도 건축가들에게는 중요한 기회이다. 자신의 창작력을 관청 건물을 통해 많은 국민들과 나누어 가질 수 있는 장이다. 사적 영역의 건물은 사용자의 계층이 제한적인 반면 공공건물은 모든 계층의 국민들이 사용하기 때문이다. 건축가들에게는 좁은 엘리트주의를 벗어나 대다수 국민들과 어울리는 국민양식을 창조할 수 있는 좋은 장이다. 이런 장점들 때문에 공공건물은 한 시대와 한 나라를 대표하는 대작이 나오기에 좋은 유형이다.

우리나라는 공공건물에 걸작이 없다. 국회의사당을 필두로 국립극장, 세종문화회관, 예술의 전당, 전쟁기념관, 국립민속박물관, 국립현대미술관 등 모두가 똑같은 분위기에 똑같은 모습들을 하고 있다. 전문가 그룹에게는 비판의 대상이었고 일반인들에게는 그렇고 그런 관청 건물의 연장으로 비쳐질 뿐이다. 구청이나 군청 등의 행정관청 건물은 더 말할 필요도 없다. 하나 같이 완고한 노인이나 권위적인 공무원을 닮은 모습들이다. 지자체별로 핵심 요지에 가장 큰 덩치로 세워진 건물이고, 국민들과 가장 친밀한 스킨십이 일어나야 하는 건물이건만, 가장 꺼림칙하고 멀게만 느껴지는 건물인 것이 현실이다.

헌법재판소는 국회의사당, 대법원과 함께 관공서 양식을 대표한다.
헌법재판소는 유교 왕정시대 건축과 서양 고전주의가 적당히 버무려진 특이한 양식이다.

관공서 양식에는 공통점이 있다. 관청 건물을 예로 들어보자. 좌우대칭일 것, 재료는 화강석을 사용할 것, 건물 표면은 적당한 거칠기를 유지할 것, 아니면 아예 금속판을 사용하여 빤질빤질할 것, 화강석이 아니면 최소한 검붉은 벽돌이라도 사용할 것, 한국 전통 양식을 재현할 것, 서양 고전주의도 무방함, 서양 고전주의는 잘만 쓰면 효과가 더 좋을 수도 있음, 출입구는 큰 계단을 거느리며 위용을 갖출 것, 굵고 높은 기둥이 도열할 것, 지붕은 하늘을 덮을 듯 웅대할 것, 창은 가지런히 반복될 것, 색조는 전반적으로 회색 풍을 유지할 것 등등이다.

좀 더 구체적인 예로 서울 시내 구청들을 보자. 건물은 70~80년대 콘크리트 박스형이거나 아니면 관공서 양식이다. 험상궂고 불친절한 공무원 얼굴 그대로이다. 무엇보다도 일단 담으로 둘러쳐져 있다. 건물 주변의 공터는 여지없이 주차장이 차지한다. 주변과 단절되어 자신의 경계에 강한 금을 그었으니 사람을 밀어내는 구성이다. 건물 주변에는 녹색도, 조그만 정원도, 앉아 쉴 벤치도 없이 삭막한 아스팔트 위에 차들만 빼곡히 들어서 있다. 꼭 필요한 볼일이 있는 사람 이외에는 접근도 하지말고 돌아가도록 사람을 쫓는 구성이다. 들어온 사람도 꼭 필요한 볼 일만 가능한 한 빨리 보고 가라는 불친절한 구성이다.

호적등본이라도 떼어야 사업이 돌아가게 생겨서 싫은 마음을 꾹꾹 누르고 들어갔다 치자. 그 다음에는 건물 앞에 반드시 무서운 수문장처럼 계단이 버티고 서 있다. 10여 단 정도의 계단을 올라가야 겨우 관청문을 열고 들어갈 수 있다. 계단은 광대하고 출입문은 웅장하다. 공무원의 권위 의식이 그대로 반영된 구성이다. 문을 열고 들어서면 로비가 나온다. 로비 정면에는 여지없이 다시 큰 계단이 아가리를 떡 벌리고 있다. 계단 한 편에는 보통 큰 거울이나 추가 달린 큰 시계가 있고 다른 한 편에는 큰 화분이 있다.

건물 전체는 좌우대칭으로 갈라진다. 천장에는 굵은 화살표가 방향을 지시하고 무뚝뚝한 굵은 글씨로 쓴 간판이 부서 이름을 군인 줄서듯 나열한다. 중간에 복도를 사이에 두고 방들이 양옆에서 서로를 노려보며 대치하고 있다. 영락없는 고등학교 교실 구성이다. 더 거슬러 올라가면 군대 막사 구조이지만 좀 더 거슬러 올라가면 19세기 서양 제국주의 시절의 관공서 건물에 쓰이던 전형적인 방식이다.

따져보자. 족보는 쉽게 그려진다. 일제가 19세기 서양 제국주의 건축을 받아들였고 그것이 일제강점기 때 우리나라의 관공서 건물에 이식되었다. 쉽게 얘기해

남양주 보건소. 좌우 대칭에 웅장한 기둥 그리고 거친 화강석을 사용한 것으로 관공서 양식의 표준형이다.

서 지금의 관공서 건물들은 조선총독부, 즉 옛날 중앙청을 모델로 삼아 단순화시켜 놓은 구성이다. 이것을 광복 후 군사 문화가 이어받았고 이 모델은 학교에까지 강요되었다.

이상을 종합해 보면 외관은 조선시대 궁궐과 성곽을 적당히 합쳐놓은 건물이 된다. 가난했던 70년대에 콘크리트 박스형으로 지은 구청이건, 조금 살 만해진 요즘 비싼 화강석으로 치장한 구청이건 속은 똑같다. 이런 상황에서는 콘크리

'높은 계단, 웅장한 출입구, 반짝이는 알루미늄, 서양 고전어휘, 생산을 독려하는 조각물'의 세트로 이루어진 관공서 양식이다.

전쟁기념관. 전쟁기념관과 군사문명은 다른 것이지만 같이 취급되었다. 이 건물은 히틀러 시대를 연상시킨다며 신전 논란을 일으켰다.

트와 화강석이 '50보 100보'의 동질 재료가 된다. 둘 모두 민간인을 윽박질러 권력을 누리려는 비인간적인 재료이다. 실내는 군대 막사와 같은 구성이다. 일제강점기 때부터 군사독재기를 거치며 학교와 관청 등에 강제적으로 이식되어온 구성이다. 관공서 건물들은 하나의 양식으로 묶여 불릴 정도로 똑같은 모습의 두꺼운 갑옷을 두르고 있다.

이런 내용들은 뒤집어 얘기하면 설계자들에게는 반드시 지켜져야 하는 경전이 된다. 그러나 현장 쪽의 목소리는 전혀 반대이다. 이런 기준은 많은 건축가들에게는 절대 동의할 수 없는 공무원들의 횡포로 인식되고 있다. 그래서 관급공사에는 참여하는 건축가들만 또 참여한다.

이것도 노하우라고 한두 번 하다 보면 공무원들이 좋아하는 분위기를 만들어내는 능력을 습득하게 된다. 문제는 창작에 대한 양심이다. 교과서처럼 동일한 어휘가 반복되기 때문에 심사기준에서 작품성은 끼어들 여지가 없다. 양식 종류에서부터 시작해서 관공서가 짜놓은 이런저런 질서에 편승하지 못하면 언감생심, 큰 작품은 꿈도 꾸지 못하는 것이 현실이다. 이렇게 보았을 때 관공서 양식에 편승할 것인지 말 것인지 문제는 많은 건축가들에게 작품성의 문제이기도 하지만 그에 앞서 생존과 직결된 화급한 문제이기도 하다.

설계자 선정의 공정성을 기하기 위해 관급공사는 설계경기로 나온다. 취지는 좋지만 공무원들의 심사를 통과해야 된다는 더 큰 문제를 낳는다. 최종안을 삼배수 정도로 추려놓고 교수들을 불러 당첨작을 고르라고 한다. 살아남은 안들은 그놈이 그놈이라 사실 어느 것이 되어도 차이는 없다. 붕어빵과 잉어빵과 국화빵을 놓고 고르라는 식이다. 당선작을 심사한다기보다는 당첨작을 뽑는 것에 가깝게 느껴진다.

관공서 양식을 충성스럽게 반복해낼 자신이 없는 건축가들에게 관급공사는 기피 대상 1호이다. 건축가들은 관공서 양식에 참여하는 그룹과 그렇지 않은 그룹으로 양분되고 있다. 후자 그룹은 창작의 수준을 내걸며 관공서 양식에 참여하는 쪽을 우습게 여긴다. 하지만 후자 그룹도 문제를 만들기는 마찬가지이다. 이들은 관공서 양식을 비난하지만 대안을 제시하지 못한다. 설계경기에 참여하지 않더라도 계획안은 발표할 수 있다. 아니, 발표해야만 한다. 하지만 못 한다. 그 대신 소외감, 반발심, 보상심리 등이 복잡하게 얽히면서 엘리트주의에 안주한다.

이런 관공서 양식은 건축가들 사이에서 전통 논의가 사라진 지금, 전통 건축을 재현하는 유일한 장이 되어 한국의 전통성을 지키는 수호자를 자임한다. 전통과 관습과 품위라는 가치로 타당성을 확보한다.

관공서 양식에는 교과서처럼 반복되는 양식 어휘들이 있다. 이것을 익히는 일은 웬만하면 쉽게 할 수 있다. 거의 획일화되어 있다고 해도 과언이 아니다. 공무원들은 이것을 국가에 대한 충성심 같은 것으로 생각한다. 공무원들은 아직도 자신들이 국가라고 생각한다. 따라서 관공서 양식은 자신들에 대한 충성으로 생각하기도 한다.
문제는 심각하다. 지금 같은 불황에서 그나마 변변하게 설계비를 받을 수 있는 대부분의 설계 일은 관급공사이다. 주변에 보이는 관공서 건물들이 그 증거이다. 안 믿어지겠지만 모두 설계경기를 통과해서 뽑힌 안으로 지어진 건물들이다.
관공서 양식은 공무원들이 국가권력, 좁게는 자신들의 존재를 어떻게 정의하고 있는지를 여실히 드러내주는 척도이다. 그리고 유교 왕정시대의 잔재가 일제강점기와 군사독재기를 거치며 면면히 이어져 내려오고 있음을 보여주는 증거이다. 백성 위에 군림하려는 유교 왕정시대의 관료적 권력욕이 고스란히 남아 건물에까지 반영되고 있는 것이다.
또한 일제강점기 때의 잔재이기도 하다. 관공서와 학교를 가능한 한 위압적으로 만들어서 국민들을 억압하고 자라나는 청소년들을 세뇌교육시키겠다는 발상이다. 군사독재정권은 이런 건물 구조를 매우 고마워하며 받아들였다. 자신들의 입맛에 딱 맞는 구성을 알아서 먼저 만들어 대를 내려주셔 자신들의 독재 권력을 공고히 해주셨으니, 참 고맙기도 하셔라, '천황폐하 만세'라도 수천 번 외쳤음직하다. 일차적으로는 친일파 및 그 후손들이 군사독재정권의 주역들이기도 했고, 좀 더 일반화시키자면 일제군국주의의 가치관과 군사독재의 가치관은 크게 다를 바 없이 초록이 동색인 것처럼 맥을 내리고 이어받은 것이기 때문이다.

세종문화회관. '웅장한 기둥, 화강석, 넓은 광장'은 중앙정부 차원의 대형 관공서 양식을 이루는 중요한 조합이다. 휴먼 스케일을 비웃는 초월적 규모는 최대 공간에 편승한 공권력의 권위의식을 보여준다.

관공서 가운데 권력서열이 높은 건물들에는 서양 고전주의가 쓰인다. 국회의사당, 헌법재판소, 대법원 등이 대표적인 예이며 전쟁기념관도 같은 예에 속한다. 모두 서양의 이런저런 권위주의 양식을 모방한 것들이다. 모두 군사독재 시절에 지어졌다는 공통점도 있다. 또한 모두 건축계에서 서양 고전주의 논쟁과 권위주의 논쟁을 일으켰던 공통점도 있다. 도대체 왜 대한민국을 대표하는 권력기관이 서양 고전주의로 지어져야 하는가. 서양 고전주의는 서양 나라들의 권력기관에 쓰이는 것이 상식이다. 이런 상식 하나 못 지키는데 나머지가 온전히 돌아갈 리가 없다.

공무원들은 여전히 고압적이다. 창구 직원의 얼굴 모습 문제만은 아니다. 구조적 체계의 문제이다. 인허가와 예산이라는 권력을 틀어쥐고 민간 분야에서의 유연한 창작성을 가로막는 공공의 적에서 못 벗어나고 있다. 공무원의 본질을 봉사가 아닌 권력으로 여기며 심한 경우 자신들을 국가 자체와 동일시하려는 생각이 아직도 남아 있다. 공무원이 되는 일을 권력구조와 지배계층에 편승하는 출세로 생각한다.

관공서 양식에 나타난 권위적 건축 경향은 이것을 증명하는 구체적 증거이다. 유교 왕정시대의 왕궁에서 따온 전통 양식은 반드시 지켜야 하는 표준형이다. 여기에 서양 고전주의까지 가세하면 서구식 세련됨까지 갖추면서 공권력의 권위는 두 배 세 배 늘어난다. 우리의 전통 양식에 대한 이해를 매우 안 좋은 방향으로 호도하고 있다. 서양 고전에 대한 오해는 덤으로 더해진다. 한국 전통 건축의 재현은 좋은 일이지만 이런 식으로 공권력의 권위를 보장해주기 위한 배경으로 작용해서는 곤란하다. 전통 건축은 권위적 모습으로 모방, 반복되어서는 안 된다. 전통 논의는 민간의 순수창작 분야에서 시대상황에 맞는 유연성을 가지고 일어나야 한다.

공공건물에 걸작이 없다는 사실, 그리고 실력 있는 건축가들이 전통 논의를 회피하는 사실은 우리가 대표 건축가를 갖지 못하는 중요한 이유가 되고 있다. 순수예술과 대중예술 모두에서 '국민' 자가 붙는 대표급 스타들이 있다. 국민가수나 국민배우 같은 경우이다. 건축에는 이런 스타가 없다. 창작력 있는 건축가들은 관공서 양식에 좌절하며 공공건물에서 손을 뗀 지 오래이다. 나라 안에서부터 국민 건축가가 만들어지지 못하고 있으니 나라를 대표해서 해외에까지 진출한다는 것은 더 불가능하다. 인형에서부터 자동차, 반도체에 이르기까지 수많은 수출품이 있지만 설계작품을 수출한 일은 드물다. 정명훈, 박찬호, 황우석, 백남준 등 각 분야별로 세계적 인물이 나오고 있지만 건축에는 아직도 까마득한 일

북아현 3동 사무소. 최근 동사무소를 중심으로 관공서 양식이 민간인 양식으로 변화하는 조짐이 보인다.

이다.

변화의 바람도 읽힌다. 최근 동사무소부터 변하기 시작했다. 몇몇 동사무소 건물에서 관공서 양식을 벗어던지고 시민과 친숙한 모습으로 과감한 변신을 시도하고 있다. 동장이 정식 공무원이 아닌 명예직이라서 가능한 일이었는지도 모르겠다. 동이 인허가권이나 예산권이 없는 민원업무만 담당하는 가장 말단의 행정단위라서 가능한 일이었을 수도 있다. 이런 역설은 여전히 우리를 슬프게 하지만, 그럼에도 불구하고 관청 건물에서 변화를 읽었다는 것은 2월 어느 날 잠깐 봄바람의 흔적을 맡은 것 같은 기대를 갖게 한다.
구청도 움직이고는 있지만 아직은 역부족이다. 시민들에게 가까이 다가가겠다고 청사 안에 어린이 놀이방도 꾸며보지만 건물 전체의 골격이 바뀌지 않는 한 한계가 있다. 건물에 들어오기가 싫은데 그 속만 조금 바꾼다고 크게 달라지는 것은 없다.
관공서 건물은 여전히 새로운 건축 문화의 창달에 기여하지 못하고 구태가 습관적으로 반복되는 창작의 무덤이자 시간의 사각지대이다. 좀 더, 아니 많이 기다려야 할 것 같다.

저 높은 곳으로 임하시는 _ 교회

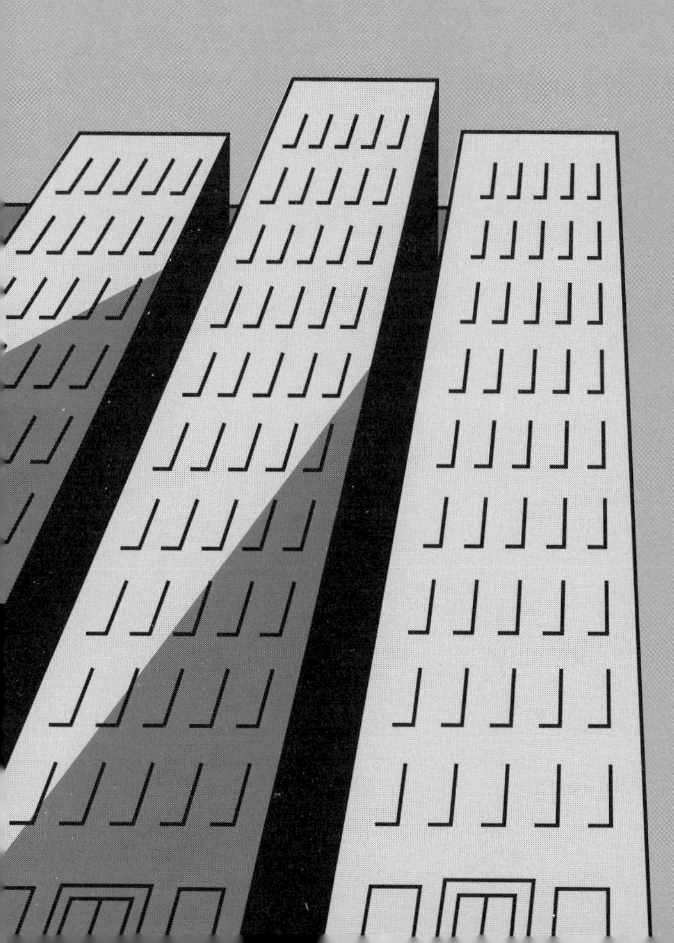

밤에 높은 곳에 올라가서 내려다보면 붉은 십자가와 푸른 십자가밖에 안 보인다는 우리나라. 물론 붉은 십자가는 교회이고 푸른 십자가는 약국이다. 교회는 정신을 고쳐주는 곳이고 약국은 몸을 고쳐주는 곳이니 우리나라 사람들은 몸과 마음 모두 아픈 사람들이 많은가 보다.

이런저런 십자가에 의지하지 않고서는 살지 못하는 우리, 좋은 모습은 아니다. 물론 기독교적으로 보자면 인간은 죄인이고 십자가에 의지해야만 온전한 삶을 살 수 있다. 그러나 우리의 교회는 과연 이렇게 기댈 만한 곳인가. 약을 간식 먹듯 먹어대며 녹색 십자가의 참뜻을 손상시키듯 신통력을 앞세워 붉은 십자가 팔아먹는 장사나 하고 있지 않은가.

가톨릭과 개신교를 구분하지 말고 한번 보자. 한국 현대사에서 기독교는 기록적인 양적 팽창을 거듭했다. 그 과정에서 힘 있는 집단에 강하게 의존했다. 서양, 정치세력, 경제력이 그것이다. 한국 현대사회를 대표하는 집단 이데올로기이자 지배 법제이다. 기독교가 각개 전투식으로 우리 사회에 펼쳤던 사랑은 이런 집단성과 지배성에 의해 빛이 바래도 한참을 바랬다. 기독교는 한국 현대사의 부정적 이미지를 몽땅 갖추고 있다. 교회 건물은 이것을 잘 보여주는 예이다.

한국의 교회 건축은 세 가지 특징으로 대표된다. 서양 중세의 뾰족탑, 서양 현대양식, 대형화이다. 그 중 가장 먼저 들어온 것은 뾰족탑이다. 개화기 때 기독교가 들어오면서 함께 들어왔다. 이 양식은 80년대까지 계속되었다. 이 양식이 한국에 뿌리를 내린 근거는 세계 보편적이라는 것이었다. 기독교는 세계 보편성을 지향하는 종교이고 따라서 이런 보편성을 획득한 뾰족탑의 교회 양식은 세계 어느 곳에 세워져도 무방하다는 주장이다. 아니, 무방한 정도를 넘어서 교회는 반드시 이런 양식으로 세워져야 한다는 주장이다.
그러나 과연 그런가. 보편성과 관련된 종교적 주장들은 차치하고라도 뾰족탑으로 상징되는 중세의 로마네스크나 고딕 양식이 과연 기독교를 대표하고 지구를 대표하는 양식인가. 더 근본적인 질문도 있다. 한 지역에서 완성된 이런 교회 건축이 다른 지역으로 전파될 때 과연 붕어빵 찍듯이 똑같이 이식되는 것이 옳은가.

기독교가 세계 보편적 진리를 가지고 있기 때문에 교회 건물도 그러해야 한다는 주장이 옳다고 치자. 이것이 타당성을 갖기 위해서는 우리의 기독교가 세계 보편적 진리를 몸소 실천한다는 전제조건이 성립되어야 한다. 기독교의 세계 보편적 진리란 무엇인가. 그것은 기독교의 유일한 참뜻인 박애이다. 우리의 기독교가 이런 기본정신을 잘 좇고 있는가. 유감스럽게도 그렇지 않은 것 같다.

적어도 교회 건축에 국한시켜 볼 때 이중으로 잘못되어 있다. 한 가지는 우리의 기독교는 기독교의 세계 보편적 진리인 박애와는 거리가 멀다는 것이다. 비기독교인들의 눈에 비친 우리의 기독교는 잘 봐주면 아들딸 명문대 합격이나 비는 기복 미신이요 못 봐주면 온갖 탐욕에 찌든 이익 집단들일 뿐이다. 다른 한 가지는 서구의 중세 뾰족탑은 박애라는 기독교의 세계 보편적 진리를 대표하는 양식이 아니라는 것이다. 뾰족탑 교회는 이보다는 서양 기독교의 세계침투를 이끄는 선봉대이자 세계지배를 돕는 도구에 가까운 것으로 볼 수 있다.

진부한 얘기가 되었지만 산업혁명 이후 기계문명을 앞세워 자행된 서구의 전세계적 침탈에서 기독교가 선발대 역할을 했다는 것은 세상이 다 아는 얘기이다. 기독교가 먼저 들어가서 터를 닦아 놓으면 군대, 장사꾼, 정치권력이 그 뒤를 이어 줄줄이 들어갔다. 아주 가끔은 먼저 들어가 있던 기독교도들이 뒤따라 들어온 자국의 군대들에게 순수 종교적 미션을 내세우며 맞서다 그들의 총에 맞아 죽기도 했다지만, 그 순수성을 인정하기에는 거시적 차원에서 벌어진 일들이 너무 끔찍했다.

유태인 600만 명을 죽인 나치를 몰아세우는 프랑스, 영국, 미국은 전 세계를 돌아다니며 그보다 몇십 배 많은 사람들을 죽였다. 그 선발대 가운데 하나가 기독교였다. 프랑스가 북아프리카와 동남아의 식민지에서, 그리고 영국이 해가 지지 않는다고 자랑스러워하며 전 세계의 식민지에서 저질렀던 그 수많은 살육과 수탈의 만행 뒤에는 기독교가 있었다. 아프리카에서 1억 명을 죽이고 1500

붉은 벽돌에 뾰족탑으로 고착화된 교회 유형이 능선의 꼭대기를 타고 앉았다. 아직도 대도시의 여러 곳에서 관찰되는 장면이다. 공간 구도로만 보면 중세 유럽의 고도에 세워진 성당을 빼닮았다. 중세 유럽에서 높은 곳에 세워지는 성당은 '하늘의 예루살렘(Heavenly Jesusalem)'의 개념으로 정의되었다. 지상에 대한 초월적 우월성을 가정한 개념인데 이것이 한국 교회에 이식되지 않았기만을 간절히 빌 뿐이다.

농촌 한가운데에 우뚝 솟은 뾰족탑. 평지에서도 주위에 단독주택만 있으면 뾰족탑은 충분히 '하늘의 예루살렘'을 지어 내보일 수 있다. 정신적 공간인 교회가 한 사회 단위의 중심이 되는 것이야 바람직한 일이지만 문제는 교회가 사회에 대해 가지고 있는 탐욕과 선별의식이다.

만 명의 흑인 노예를 끌어온 것도 미국의 청교도라는 사람들이었다. 지금 부시 대통령을 받쳐주는 미국 남부의 기독교 근본주의자들은 그 핵심 분자들이다. 부시가 전 세계를 돌아다니며 죄 없는 민간인들을 수도 없이 학살하는 바탕에도 기독교 근본주의가 있다.

근대기에 들어오면서 전 세계적으로 저질러졌던 이런 끔찍한 만행을 합리화하는 정신적 근거로 동원된 것이 기독교의 세계 보편성이었다. 그리고 뾰족탑은 그것을 대표했다. 한국의 개화기 때 들어와 지금까지 질긴 번성을 누리고 있는 우리 주변의 뾰족탑도 이 범주에 들어갈 수 있다.

뾰족탑을 기독교의 세계 보편적 양식이라며 받아들인 데에는 여러 원인이 있을 수 있다. 이런 주장이 사실처럼 잘못 비추어질 수도 있는 측면이 있다는 점, 우리 사회가 개화기에서 지금에 이르기까지 이런 문제에 정밀하게 몰두할 만한 정신적 여유가 없었다는 점, 더 근본적으로 너무 가난해서 경황이 없던 때에 들어와서 마치 미군 군수물자 받아먹듯 어쩔 수 없이 받아들일 수밖에 없었다는 점 등일 것이다.

그러나 이렇게 어려웠던 때였기 때문에 오히려 더 우리 사회에 맞는 기독교 양식이 무엇인가에 대한 치열한 고민이 있어야 했다. 이것은 장사나 정치가 아닌 종교이기 때문이다. 주님이 목숨을 버리셨듯, 그렇게 낮은 곳에서 목회가 이루어졌다면 그 노력 속에는 한국에 맞는 기독교 건축이 무엇인가를 찾는 작업도 당연히 포함되었어야 했다.

대답은 뻔하다. 한국 현대사에서 기독교는 지배 계층에 의해 주도되었으며 이 과정에서 이들의 권력과 이익을 공고히 하는 수단으로 악용되었다. 조선 유교가 고려의 불교를 물갈이하며 지배 문명이 되었듯이 기독교는 다시 그 뒤를 이어 20세기 한국 현대사회의 지배 종교가 되었다. 이런 지배성을 공고히 하기 위한 수단으로 서구의 뾰족탑 양식이 필요했던 것이다. 이것은 곧 서구의 힘을 빌려 그것에 의존하여 지배 권력을 키우겠다는 정치적 전략이었다. 그 명분으로 내세운 것이 뾰족탑이 세계 보편적 진리를 상징한다는 논리였다.

최근 뒤늦게 논란이 되고 있는 친일 청산 과정에서 드러난 공식이 있다. 일제강점기 때 한국의 초창기 근대식 교육을 이끈 여성지도자들에게서 공통점을 찾아볼 수 있다는 사실이다. 해외 유학파, 기독교 신자, 극우파, 민족주의자, 친일파가 그것이다.

적어도 일제강점기 때 한국 사회에서 이 다섯 가지는 따로 떼어서 생각할 수 있는 독립 변수가 아니었다. 이 공식에 의하면 기독교는 곧 친일과 서구의존과 동의어이다. 지나치게 단순화시킨 것이라 할 수도 있지만 사실 개화기 여성지도자들 개개인의 삶을 면밀히 추적해 보면 서글프게도 이 공식은 매우 잘 들어맞는다.

이런 사실은 기독교가 우리 사회에서 20세기 전반부에 처음 자리잡을 때 어떤 성격으로 정의되었는지, 그리고 향후 한국 기독교가 어떻게 전개되었는지를 잘 보여주는 증거이다. 한국의 교회 건축에 나타난 결핍성은 기독교의 결핍성과 일 대 일로 대응된다.

능선이 살아 있던 1980년대까지 뾰족탑 교회는 주로 능선 높은 곳을 차지하며 타고 앉았다. 뾰족탑은 다시 교회의 높이를 인위적으로 높여주었다. 이런 모습은 중세 유럽의 고도(古都)를 너무나 빼닮았다. 그 내면을 보자. 중세 유럽에서는 낮은 야산 하나가 작은 도시였고 성당은 그곳에서 제일 높은 곳에 뾰족탑을

지금 대도시에서 덩치 경쟁을 하는 것은 초고층 아파트와 교회이다.
십자가 높이까지 합하면 대형 교회는 웬만한 초고층 아파트 턱밑까지 치고 올라간다.

내세우며 우뚝 솟았다. 이런 구성은 여러 겹의 지배구도를 상징했다. 발아래 도시의 나머지 민가를 지배하고, 성 밖 영지의 농토를 지배하고, 궁극적으로는 하늘의 이미지를 내세워 지상세계를 지배하는 상징성이다. 한국 교회가 이런 모습을 닮은 것은 내면적으로 이와 동일한 지배구도를 지향했기 때문이 아니었을까.

90년대 들어 고층 아파트가 생기면서 능선이 사라지자 교회는 밀리기 시작했다. 타고 앉을 능선 자체가 점점 사라지거나 있다고 해도 아파트에 빼앗겼다.

분당에 있는 두 대형 교회. 규모만 큰 것이 아니다. 이름 붙이기 민망하지만 하나는 팔리디오 양식이고 다른 하나는 유럽의 로마네스크와 고딕 양식을 섞어놓은 특이한 양식이다. 어휘의 정확도는 차치하고라도 서양의 전통 양식을 좇는 행위 이면에 담겨있는 서구의존적 발상이 더 큰 문제이다. 성경에서 '네 이웃을 네 몸 같이 사랑하라' 했지만 한국 교회가 사랑하는 것은 '서양 이웃'이다. 사랑하다 못해 떠받들고 스스로 굴종한다.

그 대안으로 교회는 대형화의 길을 걷기 시작했다. 이 과정에서 서구의 현대 교회양식이 명품 가방 수입하듯 모방되었다. 대도시에서 높이 경쟁을 하는 것은 오피스 빌딩이 아니다. 아파트와 교회이다.

서울 시내 곳곳에서 아파트와 교회는 누가 더 몸집이 큰지 경쟁하고 있다. 교회는 한국의 후기 산업사회에서 대형 공간을 대표하는 건물 유형이 되었다. 교회 당사자들은 자랑스럽겠지만 문화적 측면에서 보면 좋은 현상은 아니다. 여의도 순복음교회는 물론이요 분당 같은 신도시를 보자. 대형 교회, 대형 마트, 초고층 아파트만으로 우리나라에서 가장 부유하다는 도시 하나가 이루어지고 있다. 대형 교회는 대형 아파트나 대형 마트처럼 하나의 거대 비즈니스가 되어 있다. 대형 교회는 부유층을 하나로 결집시키기에 가장 유용한 수단이다. 대형 교회는 부유층의 폐쇄적 집단주의를 제공하는 물리적 그릇 역할을 하고 있다. 예수께서는 '네 이웃을 네 몸 같이 사랑하라' 며 목숨까지 버리셨건만 우리의 기독교는 대형 교회 안에 잘 사는 사람들을 빼곡하게 모아 놓고 집단적 이기주의에 편승한 권력 챙기기에 급급하고 있다.

수직성이다, 선형성이다, 중앙집중형이다, 신비한 빛이다, 공동체 의식이다 해서 서구 교회 건축은 큰 역사적 진행을 하고 있다. 지금 한국의 교회 건축은 이런 것들을 베끼기에 바쁘다. 심지어 일류 건축가들이라는 사람들이 설계하는 교회들조차도 이런 베끼기에서 단 한 발짝도 못 벗어나고 있다. 하물며 일류 건축가의 손을 못 탄 교회는 더 말할 필요도 없다. 뾰족탑으로 시작하며 단추를 잘못 꿰었지만 정작 이것을 비판한 후배 건축가들도 종류만 바뀌었을 뿐 르 코르뷔지에의 빛 처리를 모방합네 하며 달라진 것은 별반 없다.

명동성당, 영락교회, 정동교회. 모두 한국에 기독교를 들여온 장본인들이며 오늘날 한국 기독교를 대표하는 큰 교회들이다. 이와 동시에 이 세 교회는 개화기 서양식 건물을 대표하기도 한다. 교회가 한 시대를 대표하는 건물이라는 사실 자체는 기뻐할 만한 일이지만, 한국 현대사라는 특수 상황을 놓고 보면 그렇지만은 않다. 다행히 명동성당은 잔혹하던 독재기 때 정신적 지주 역할을 톡톡히 해냈다. 개신교 지도자들 가운데에도 낮은 데로 임하시며 주님의 사랑으로 어렵고 힘든 구석을 보살피는 분들이 많다. 그러나 좀 더 일반화해서 한국 사회에서 기독교 전체를 보자. 양적 과시와 물욕에 찌든 가장 불쌍한 집단일 뿐이다. 횡령에 사기에 패 나눠 싸우기 일쑤이다.

일반 신도들도 마찬가지이다. 한국의 기독교는 사람의 탐욕과 집착을 키워주는 쪽으로 변질되고 있다. 교회 다니는 사람일수록 더 탐욕스럽고 집착이 강한 예를 많이 볼 수 있다. '압구정동 소망교회' 는 한국의 상류사회를 결정짓는 마지막 기준이다. 정치한다는 사람치고 번듯한 대형 교회 하나씩 끼고 있지 않은 사람이 없다. 이들에게 교회는 표 계산하는 대상일 뿐이다. 교회에 나오는 행태만 봐도 알 수 있다.

아주 간단한 예를 하나만 보자. 일요일만 되면 막히는 곳이 있다. 예식장, 백화점, 놀이동산 그리고 교회이다. 대형 교회 주변은 일요일이면 수천 대의 차량이

한국 사회에서 명동성당이 갖는 위치는 물론 성스러운 것이다. 암울했던 군사 독재시절, 하느님의 사랑을 온 사회에 비추이며 옳은 일을 행한 정신적 지도자였다. 하지만 뾰족탑이 전국 곳곳에 뿌리내리는 데 선도적 역할을 한 것 또한 부정할 수 없다. 전국의 성당들은 명동성당을 하나의 교본으로 받아들인다.

몰려들어 몸살을 앓는다. 주님은 목숨까지도 버리셨는데 일요일에 자가용 버리고 대중교통 이용해서 교회에 오는 수고는 그렇게 하기 어려운 것이던가. 서양식 뾰족탑으로 치장하고 장충체육관만 한 몸집을 자랑하지만 정신 수준은 예식장, 백화점, 놀이동산과 동급이다. 적어도 이들에게 일요일에 교회 가는 일은 예쁜 옷 차려입고 백화점이나 놀이동산에 나들이 가는 것과 같은 일일 뿐이다.

장사꾼 집단인 기업마저도 돈을 많이 벌면 사회적 책임에 관해 생각하게 되어 있다. 하물며 종교를 내세운 집단은 이보다 몇백 배 모범이 되어야 한다. 피흘려가며 내 힘으로 싸워 얻은 부귀영화인데 내 맘대로 쓴다 한들 뭐가 잘못되었느냐고 할지도 모르겠지만 문제는 이것이 종교라는 데 있다. 기독교의 참뜻과 어긋나기 때문이다.

한국에서 기독교는 순교를 이겨내며 뿌리를 내렸다. 이것은 기독교적으로는 칭찬받을 일이다. 그리고 교세는 날로 팽창하여 규모 면에서 별의별 세계 기록을 많이 갖고 있다. 대부분의 기독교인들은 세계 기독교사에 길이 남을 쾌거라며 이 모두가 하느님의 승리라고 여긴다.

그러나 한국 사회에서 기독교가 해온 역할은 과연 이런 덩치에 합당한 것이었는가. 일제강점기, 이승만 독재기, 군사 독재기의 어려운 현대사에서 기독교는 주로 지배계층과 궤를 같이했다. 만약 이들이 과거 임진왜란 때 불교와 같은 역할을 했다면 지금의 기독교는 많이 달라져 있을 것이다.

해답이 아예 없는 것은 아니다. 강화도 성공회 성당을 보자. 개화기 때 한옥 양식으로 세워진 성당이다. 기독교가 세계 여러 나라로 전파되는 과정에서 그 지역에 맞게 토착화되어간 현상의 하나이다. 교회에 한국 전통 건축을 이렇게 직설적으로 모방하는 것은 물론 옳은 것이 아니다. 한옥이라는 또 하나의 전형을 베낀 것에 불과한 것이기 때문이다. 그러나 이것이 이후 한국 교회 건축의 전개 방향에 대한 중요한 단서는 되었을 수 있다. 아니, 이런 종류의 방향으로 나아가야 했다.

문제는 20세기 초반에 있었던 이런 식의 노력이 단발성으로 끝났다는 데에 있다. 이런 노력이 백 년을 이어져 세대를 바꿔가며 계속되었다면 지금쯤 우리는 우리 사회에 맞는 교회 건축을 가지고 있을지도 모른다. 그러나 상황은 그 반대로 나갔다. 뾰족탑만이 유일한 해답인 것처럼 번성을 누리며 이어졌다. 여기서 나온 사생아가 요즘 일고 있는 대형화와 서양 양식의 모방이다. 교회 건축에 나타난 이런 현상은 결국 우리의 기독교 자체가 우리 상황에 맞는 모습과 역할을 찾는 데 관심이 없었다는 사실을 말해주는 증거일 뿐이다.

교회 건물은 기독교 정신의 산물이다. 이것은 만고의 진리이다. 사람 얼굴조차도 내적 감흥의 발로인데 하물며 종교는 더 말할

성공회 강화성당이다. 기독교가 한국 사회에 맞게 어떻게 정의되어야 하는지를 고민한 흔적이다. 한옥을 교회에 직접 대응시킨 이런 처리 자체가 반드시 옳은 것은 아니지만 이런 식의 자세는 하나의 좋은 대안이 될 수 있다. 한국의 현대 교회 건축의 발전은 이런 식으로 방향이 잡혔어야 했다.

것도 없다. 지금 한국의 교회가 뾰족탑, 서구 현대양식, 대형화로 나타나고 있다는 사실은 한국의 기독교가 대외적으로는 서구에 강하게 의존하면서 대내적으로는 몸집 불리기에 혈안이 되어 착취 집단으로 변질되었다는 사실과 동의어이다. 문제는 한국 현대사에서 기독교가 종교가 아니라 장사나 정치로 시작해서 그렇게 흘러왔다는 데에 있다. 주님은 낮은 데로 임하셨는데 지금 우리의 교회는 높은 데로 임하고 있다.

할리우드 키즈의 양식 _ 영화관

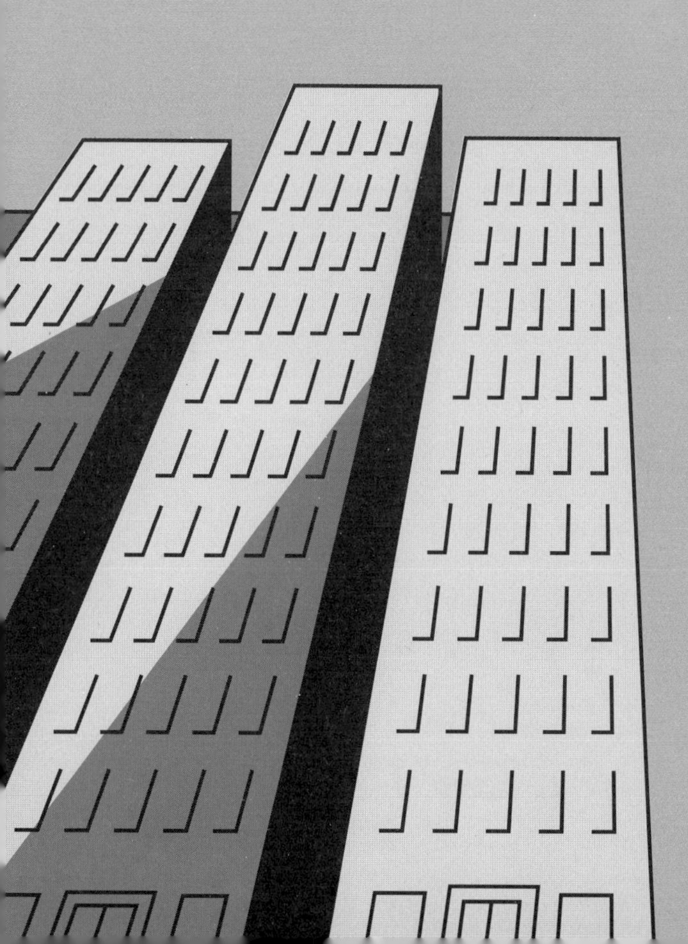

스크린쿼터제는 잊을 만하면 다시 불거져 문제가 되곤 한다. 미국 쪽에서는 한국 영화시장이 여전히 군침 도는 먹잇감으로 보이는 모양이다. 그러나 우리 쪽에서는 절박하게 지켜야 할 대상이다. 얼굴 보기 힘들다는 스타들까지 피켓을 들고 시위하는 진풍경도 벌어진다. 영화는 자본의 논리대로만 할 수는 없기 때문이다. 이 문제는 대통령 선거에 영향을 미칠 만큼 중요한 문제가 되었다. 다행히 요즘은 한국 영화가 꼭 스크린쿼터제가 아니더라도 훌륭한 경쟁력을 갖춰 사랑받고 있다.

그런데 영화를 둘러싸고 벌어지고 있는 이런 공방과 반드시 함께 생각되어야 할 것이 있다. 다름 아닌 영화를 담는 그릇, 즉 영화관의 건축 양식 문제이다.

결론부터 말하자면 한국 영화를 지켜야하는 것만큼 절실하게 영화관에 맞는 우리만의 대중 양식을 가져야 한다. 그러나 주변의 영화관을 보자. 모두 같은 모습이다. 둘 중의 하나이다. 미국 대중상업주의 양식 아니면 하이테크 아류이다. 이 둘을 적당히 버무린 혼합 양식도 있다. 동일성도 문제지만 동일한 내용이 더 큰 문제이다. 이런 양식들은 모두 미국 소비자본의 침탈을 유도하는 선발대이기 때문이다.

미국 대중상업주의 양식은 주로 대형 건물 내에 일부로 들어가는 영화관의 실내장식에 쓰인다. CGV가 이 양식으로 지어지는 대표적인 예이다. 프랜차이즈 개념으로 운영되는 상암동, 용산 등 여러 곳의 CGV에서 유사한 양식이 반복된다. CGV 이외에도 코엑스 몰의 메가박스 등도 이 경우에 해당된다.
이런 예들은 고전 장식주의, 카툰풍과 열대풍의 팝 건축, 디즈니랜드풍의 여행주의, SF풍의 신미래주의, 강한 원색의 색채주의, 기하 문양주의 등 온갖 종류의 미국식 대중상업주의 양식으로 지어진다. 미국, 특히 캘리포니아 지역에는 이런 종류의 상업건물들을 전문적으로 설계하는 RTKL 같은 설계사무소들이 있다. 국내의 영화관은 다시 이런 건물들을 똑같이 판박이 해낸다. CGV 영화관을 설계한 국내 설계사무소에 문의해 보면 아니라고 잡아떼지만 그 닮은꼴에 고개를 설레설레 저을 수밖에 없다.
하이테크 아류 양식은 주로 건물 전체가 영화관인 경우에 나타난다. 아트레온,

할리우드 양식의 선두주자인 캘리포니아의 RTKL이 설계하고 국내 한 설계사무소가 하청을 담당한 CGV관. 이 장면만 놓고 보면 스크린쿼터제는 자본의 논리일 뿐 문화의 논리는 아니다.

단성사, 피카디리, 대한극장, 명보극장 등이 대표적인 예들이다. 이런 예들은 모두 투명한 유리와 차가운 금속 재료로 지어지는 공통점을 갖는다. 또 하나 공통점이 있다. 오래된 극장들을 헐고 재건축이나 리모델링 형식으로 지었다는 점이다.

제일 처음 시작은 명보극장이었다. 대한극장이 뒤를 이었고 초조해진 다른 명문 극장들도 서둘러 합류했다. 돈 좀 들인 단성사와 피카디리는 그런 대로 새 모습으로 변신했지만 중앙극장이나 서울극장은 그리 성공적으로 보이지 않는다. 지금은 스카라도 재건축 중이다. 대한극장이나 단성사 같은 경우는 하이테크 아류를 기본 분위기로 삼아 대중상업주의 양식을 섞어 쓴 혼합 양식으로 볼 수 있다. 순수 하이테크 아류의 최고봉은 아트레온이다. 신촌에 있던 신영극장은 아예 이름도 아트레온으로 바꾸고 완전히 다른 모습으로 변신했다.

두 양식 가운데 전자의 것은 흔히 할리우드 양식으로 불린다. 좁게는 할리우드 영화와 함께 생겨났다는 의미이다. 넓게는 할리우드라는 말이 미국의 대중상업주의를 대표하는 상징성을 갖는다는 전제 아래 이것에 속하는 건축 양식이라는 의미이다. 모두 같은 목적을 갖는다. 대중들의 소비를 촉진하여 그것으로 자본주의의 기틀을 삼겠다는 목적 아래 소비를 즐겁고 밝은 이미지로 포장해내는 건축 양식이다. 미국 내에서도 자유분방한 캘리포니아에서 가장 크게 유행하고 있으며 이런 점에서 할리우드와 지리적 기반을 같이 하고 있다. 더 확장하면 햄버거, 치킨, 아이스크림, 커피, 패밀리 레스토랑 등 미국 외식산업의 장식 어휘도 이에 해당된다. 내용은 앞에서 언급한 바와 같이 할리우드 영화만큼 비현실적이고 몽롱하다.

후자의 하이테크 아류도 할리우드 양식과 크게 다르지 않다. 최근 서양의 상업 건물을 담당하는 두 번째 중요한 양식이 되었기 때문이다. 하이테크 건축 자체가 일단은 '가능한 한 최대의 소비'를 지향하는 후기 자본주의를 대표하는 양

최근 재건축한 대한극장(▲)과 단성사(◀).
모두 한국 영화사, 넓게는 한국 근대 대중문화사에서 중요한 건물들이었다. 보존은 못 할망정 하이테크 아류에 할리우드 양식이 뒤죽박죽 섞인 모습으로 새로 지어졌다. 이런 물리적 골격 속에서는 한국 영화의 간판과 할리우드 영화의 간판이 변별력을 상실한다.

식으로 시작되었다. 원본 하이테크 건축에는 구조성 등 여러 다른 건축적 고민들이 함께 들어 있지만 최근에는 패턴화된 겉껍데기만이 여러 종류의 상업건물에 복사하듯 쓰이고 있다. 우리나라도 예외가 아니며 한국의 영화관은 다시 이것의 좋은 예이다.

왜 이런 현상들이 문제가 되는가. 이유는 간단하다. 할리우드 양식은 미국 소비자본의 최첨병이다. 소비를 촉진하기 위해 인간의 물적 욕망을 자극할 목적으로 만들어진 건축 양식이다. 한때 '소비가 미덕'인 미국식 후기 자본주의를 부의 상징이라며 부러워했지만 이것은 절대 그렇지 않다. 국민 한 사람이 소비하는 쇠고기나 휘발유나 콜라가 많다는 것은 이제는 피해야 할 악덕이다. 이것을 유지하기 위해 자기들끼리 얼마나 살벌하게 다툴 것이며 전 세계를 다니며 또 얼마나 많은 수탈을 벌일 것인가. 이 과정에서 개개인의 몸과 마음과 정신은 스스로의 욕심에 의해 그리고 다른 사람과의 비상식적인 경쟁으로 인해 망가진다. 지구 전체로 보면 환경파괴, 빈부격차, 전쟁위험 등과 같은 대형 문제들을 점점 악화시킨다.
할리우드 양식은 이런 잘못된 욕심이 사슬을 이루며 돌아가게 해주는 톱니바퀴의 중심에 있다. 지금 우리 사회에는 할리우드 양식이 범람하고 있다. 감성적 영화, 달콤한 아이스크림, 고소한 햄버거, 향긋한 커피향 등은 사람의 가장 원초적 본능을 장악하기 때문에 세뇌도 빠르며 한번 세뇌되고 나면 중독성은 점점 강해지면서 오래간다. 먹을거리나 기호품에 세뇌되고 나면 그 다음은 사회, 경제, 정치 같은 거대담론 구도에의 종속이 일어난다.

영화관은 가장 대표적인 예이다. 그 외에도 우리는 각종 패스트푸드점, 패밀리 레스토랑, 아이스크림 가게, 커피 가게, 도넛 가게 등 이루 셀 수 없을 정도로 많은 할리우드 양식 사이에서 살고 있다. 이제는 너무 친숙해지고 일상 속의 당연한 것이 되어서 이것이 남의 나라 것이라는 생각도 안 들 정도이다. 유럽여행 간 대학생들이 맥도날드 간판을 보면 집안 식구 만난 것처럼 반가워서 눈물이 핑도는 지경에까지 와있다. 이런 점이 바로 할리우드 양식, 나아가 미국의 소비

건물 골격만 할리우드 양식이 아니다. 들어가는 콘텐츠도 모두 미국의 소비자본 업소들이다. 이런 환경 속에서 스크린쿼터제에 수반되는 문화 논리는 현저히 힘을 잃는다.

자본, 더 나아가 미국의 정치권력이 노리는 바이다.
이것은 분명한 세뇌작용이다. 미국 투기자본이 국내를 휘젓고 다니며 엄청난 부를 빨아먹고 있는데도 이것이 세계화된 경제패턴이려니 하며 받아들이고 있다. 오히려 한편으로 미국의 미사일과 전투기를 천문학적 바가지를 써가며 사고 있다. 이런 것들은 모두 국민정서와 여론이 암암리에 미국의 자본체계에 우호적으로 길들여져 있기 때문에 나오는 현상이다.
이렇기 때문에 흔히 맥도날드가 들어가는 현상을 한 나라가 미국의 자본 침탈에 굴복하는 신호탄으로 본다. 구소련이 그랬고 중국이 그랬다. 지금 북한이 버티고 있지만 얼마나 갈지 안타깝게 지켜보아야 할 판이다. 할리우드 양식은 이런 잘못된 구도의 최첨병 역할을 하는 특공대이다.

할리우드 양식의 건축 어휘를 하나하나 뜯어보면 사실 미국적인 것은 디즈니랜드풍 밖에 없다. 이 가운데 카툰을 제외하고 나면 그나마도 그 원본이 유럽의 고전 건축물들이니 엄밀히 따지면 미국 것은 거의 없는 것이 된다.
디즈니랜드풍을 제외한 나머지 것들은 그 출처가 모두 다른 나라에서도 찾아볼 수 있는 것들이다. 열대풍의 나무들은 남태평양이, SF풍의 신미래주의는 1910년대 이탈리아가 고향이다. 색채주의는 그 출처가 너무 여러 곳이라서 딱 한 군데를 얘기하기가 힘들다. 하다못해 버거킹의 트레이드마크인 흑백의 정사각형 모자이크 장식도 가깝게는 1500년 전의 비잔틴이, 멀리는 2500년 전의 페르시

아가 그 원산지이다.

그런데 이런 것들이 몽땅 할리우드 양식으로 둔갑하면서 미국적인 것이 되어버렸다. 미국이 선점하여 돈을 처발라 각색해서 일단 자기 것으로 만든 뒤 군사력을 등에 업고 전 세계에 공갈협박해서 수출하다 보니 어느새 미국을 대표하는 양식이 되어버린 것이다.

할리우드 양식을 미국 내의 역사에서 보면 1930년대 아르데코까지 거슬러 올라갈 수 있다. 이런 점에서 할리우드 양식은 네오 아르데코의 양상을 강하게 갖는다. 아르데코란 무슨 양식이던가.

1929년 대공황 이후 위기를 느낀 자본주의는 생산만 가지고는 부족하고 소비를 촉진해야 살아남을 수 있다는 사실을 뼈저리게 느꼈다. 이를 위해 대중들의 소비욕망을 자극하는 공격적 장식주의가 등장하게 되었는데 이것이 아르데코 양식이었다. 1930년대는 또 어떤 시대였던가. 유럽에서는 나치주의, 파쇼주의, 스탈린주의 등의 전체주의 정권이 기승을 부리던 때였다. 미국에서는 이에 대응되는 미국식 극우-상업 전체주의가 휩쓸던 때였다. 이것을 대표하던 양식이 아르데코였다.

이것이 60년대 이후 미국의 후기 자본주의 시대에 대중건축 양식에 부활, 차용되면서 현대식 소비촉진을 부추기고 있다. 일차적으로는 미국 내부적으로 소비자본주의를 앞장서서 이끌어간다. 궁극적으로는 전 세계를 미국식 소비구도에 종속시키는 역할을 한다.

한 나라를 대표하는 건축 양식이 이런 식의 소비상업 양식밖에 없다는 것은 참으로 손가락질받을 만하고 미국식 문화의 일천함을 보여주는 증거가 된다. 하지만 문제는 우리도 여기에 목매달고 있다는 것이다. 비록 비웃음거리일지언정 미국은 자신들만의 싸구려 국가양식이라도 만들어냈는데 우리는 그나마도 못 만들어내서 그런 미국식 국가양식을 수입해 누가 누가 가장 먼저 그리고 똑같이 베끼느냐로 경쟁하고 있다.

조폭에 굴복하듯 깡패 불량국 미국의 공갈에 어쩔 수 없이 수탈을 당한다는 윤리적 논리는 빼고 현상만 놓고 보자. 지금 우리 경제는 생산은 그런대로 되는데 소비가 안 돼서 나라가 망하게 생겼다고 아우성들이다. 그런데 그 소비라는 게 대부분 기호품이

영화관 가운데 브랜드 파워 1위인 CGV의 힘은 할리우드 양식에서 나온다. 멀티플렉스에 들어가는 가게 간판의 절반 이상은 미국의 대중소비업체들이다. 건물에 나타난 인간에 대한 입장은 더욱 우울하게 만든다. 우리만의 영화관 양식을 갖는 것은 스타들이 삭발 농성을 하지 않고서도 한국 영화가 자리 잡는 길 가운데 하나일 수 있다.

나 사치품이다. 꼭 필요한 것만 소비하면 나라가 망하고 그 이상을 소비해야 겨우 살 수 있다면 이것을 정상적인 나라라고 할 수 있는가. 이런 이상한 경제구조가 미국식의 잘못된 후기 자본주의인지 아닌지는 여기서 따질 문제는 아니다. 다만 이런 잘못된 경제구조 가운데 상당 부분이 미국의 소비 자본에 종속되어 있다는 것이다.

미국의 패스트푸드 산업과 할리우드 영화는 그 한가운데에 있다. 할리우드 양식으로 대표되는 온갖 대중상업주의 양식은 이것을 지탱하는 물리적 골격이다. 한국식 패스트푸드점이라는 롯데리아도 미국 자본만 아닐 뿐 건축 양식과 콘텐츠는 모두 미국 것을 빼다 박았다. 한국식 모델을 개발하려는 노력은 처음부터 생각도 안 했던 업자들도 문제이지만 더 큰 문제는 이렇게 해야 망하지 않고 돈벌이를 할 수 있는 지금 우리의 사회풍조이다.

건축가들 쪽에서도 문제가 크다. 건축가들은 입만 열면 한국성이니 대중성이니 예술성이니 작품성이니 하는 온갖 고상한 말들은 다 들이댄다. 그러나 정작 이들이 하는 작업은 매우 제한적이다. 스스로를 고급예술가 — 그것도 19세기 보자르 개념의 극단적인 — 로 강하게 한정짓는다. 이들이 관심을 갖는 건물의 종류는 박물관이나 미술관 등 고급 예술성을 갖는 대상으로 지극히 제한적이 된다. 이들이 구사하는 건축 양식도 함께 제한적이 된다. 하지만 이것 역시 서양의 고급 양식을 누가 누가 먼저 똑같이 베끼느냐의 반복일 뿐이다.

적어도 건축가라면 자기가 사는 시대의 대중문화를 담는 건축 양식에 대한 고민 정도는 하고 살아야 한다. 당장 설계할 기회가 안 온다면 계획안으로라도 발표해서 사회적 이슈를 만들고 공론의 장으로 끌어내야 한다. 하지만 대중 양식은 천박해서 회피하고, 설계는 돈 안 받으면 안 하고, 가끔 계획안 내놓은 것은 서양의 고급 양식 베끼기에 급급하다.

사정이 이렇다 보니 대중문화를 다루는 분야에서는 처음부터 고급 건축가들을 설계의뢰자의 대상에서 제외한다. 부탁해 봤자 뻔하기 때문이다. 대중문화용 건물의 설계는 하는 곳에서 반복적으로 독점하게 된다. 하지만 이들은 미국의 문화침투니 하는 어려운 문제에는 전혀 관심이 없다. 수입코너에서 미국 물건 사듯 클라이언트 요구에 맞춰주기만 하면 그만이다.

영화시장은 건축 설계의 입장에서 보면 차원이 다른 큰 규모이다. 이런 큰돈이 오가는 판이면 거기에 합당한 대표 양식이 있어야 하는 것이 자본주의 시대의 건축 상식이다. 그러나 현실은 너무 안일하다. 영화관 설계면 으레 하이테크 아류 아니면 대중상업주의 양식으로 지어야 되는 걸로 알고 있다. 다른 고민은 단 1분도 하지 않고 처음부터 유리와 메탈로 가정한다. 아니면 버거킹 양식이나 기웃거리며 베끼기 급급하다. 영화관 주인들도 다른 대안은 원천적으로 봉쇄시킨다. 조금이라도 옆으로 새면 다른 경쟁 영화관에 손님 뺏길까봐 그저 남 하는 대로 하는 것이 가장 안전한 길이라는 인식이 퍼져 있다.

스크린쿼터제는 한마디로 한국 영화를 지키자는 것이다. 이것은 경제와 문화 양 측면을 갖는다. 한국 영화가 살아야 다음 영화에 투자할 돈이 확보된다. 영화는 사람들의 감성과 정신에 큰 영향을 끼치는 문화예술 분야이기 때문에 한국 영화는 죽어서는 안 된다. 한국 사람은 한국 영화를 봐야 된다. 할리우드 영화를 자꾸 보다 보면 미국식 패권주의에 종속되는 세뇌교육을 당한다. 구구절절이 옳은 이런 논리들은 영화관에도 똑같이 적용되어야 한다.

한국 영화를 지켜야 하는 것만큼 영화관도 지켜야 한다. 영화관이 미국식 대중상업주의 양식인데 그 속에서 아무리 한국 영화를 보며 애국심을 떠들어댄들 무슨 소용이 있는가. 한국 영화를 지키자며 울부짖지만 정작 영화관은 우리가 앞장서 자발적으로 미국식 대중상업주의에 갖다 바치고 있지 않은가.

지역의 맹주 _ 백화점

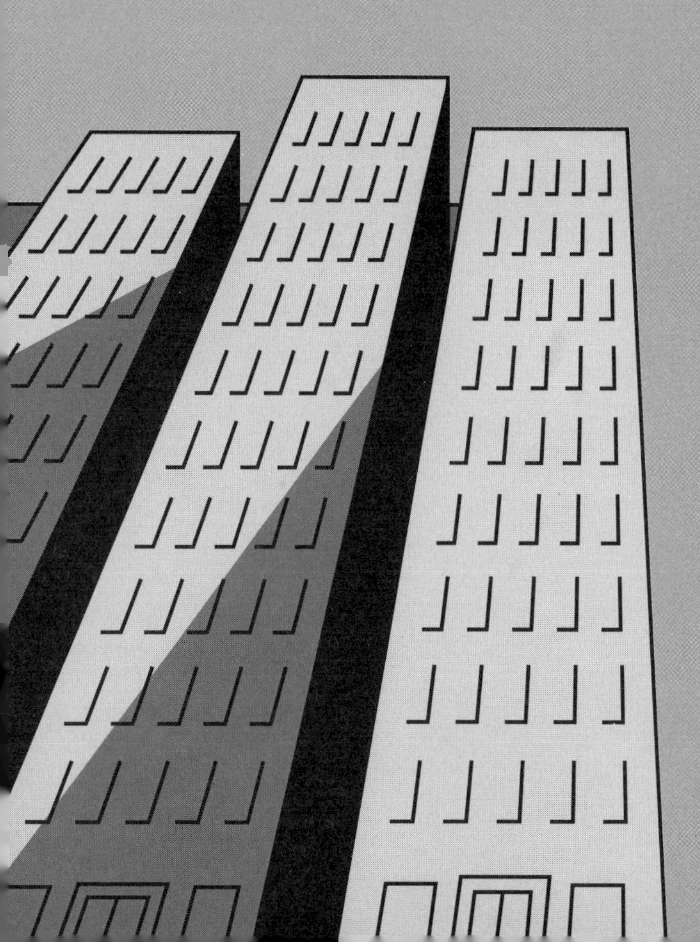

영등포, 잠실, 신촌, 청량리, 삼성동, 압구정동, 강남 고속터미널, 미아동. 모두 서울을 구성하는 대표적인 부심들이다. 그러나 일반 시민들한테 '부심'이라는 말은 낯설다. 우리의 실생활 속에서 이런 동네들은 모두 백화점으로 유명한 동네들이다. 이곳에 가면 틀림없이 롯데, 현대, 신세계 가운데 한 종류의 백화점이 있다. 물론 몸통이 빠졌다. 소공동과 남대문이다. 부심이 아니라 서울의 심장부, 한가운데이다. 이곳은 더 심하다. 서울특별시인지 백화점특별시인지 구별이 안 갈 정도이다.

서울 지도 전체를 펴놓고 보면 백화점들이 주요 거점을 장악한 양상이다. 바둑으로 치면 길목을 선점한 형국이다. 이런 곳들에서 만날 약속이라도 하려면 백화점에서 하게 마련이다. 영역도 절묘하게 나눠가졌다. 소공동과 영등포에서만 롯데와 신세계가, 미아리에서만 현대와 신세계가 부딪혔을 뿐, 나머지 지역들에서는 백화점 하나가 한 곳씩 차지한 꼴이다. 간혹 조금 작은 백화점들이 용감하게 도전장을 내보지만 결과는 뻔하다. 큰 거인 옆에서 그에 채여 비틀거린다. 영등포에서는 경방필이 신세계 옆에 붙어보았지만 여의치 못하다. 신촌에서는 그랜드가 현대와 비스듬히 서서 어깨를 겨루지만 비참하게 깨졌다. 그랜드는 주인이 수시로 바뀌고 업종 변경도 심했다. 그 자체로는 작지 않은 건물이다. 무주공산에 갔으면 주인 노릇을 할 만한 덩치지만 괜히 12층짜리 현대백화점 옆에 있다가 애꿎게 당했다.

소공동도 마찬가지이다. 미도파와 코스모스는 옆의 롯데왕국이 성장사를 쓰는 동안 몰락사를 열심히 써댔다. 롯데왕국의 성장 기간이 이들에게는 곧 몰락의 기간이었다. 두 백화점은 신촌 그랜드와 마찬가지로 주인과 업종을 뻔질나게 바꿔댔다. 미도파는 결국 롯데왕국의 막내로 편입되어 젊은이들 매장으로 귀착했다.

서울이 비대해지다 보니 행정가들이나 도시계획가들은 서울의 미래를 부심권별로 나누어 계획하고 꾸려가겠다는 생각을 오래전부터 가져왔다. 문제는 부심의 성격이다. 떡 떼듯 물리적 크기로 나눈 것일 뿐 정성적(定性的) 콘텐츠에 대한 고민은 빠져 있다. 그 허점을 백화점이 파고 들어왔다. 이제 백화점 빠진 부심은 생각할 수 없게 되었다. 부심이란 것이 별 것 아니다. 그저 우리가 사는 동

신촌 현대백화점 전망 엘리베이터에서 본 그랜드백화점. 이 자체로 작은 덩치가 아닌 그랜드백화점도 너무 큰 거인 현대백화점에 눌려 왜소해 보인다.

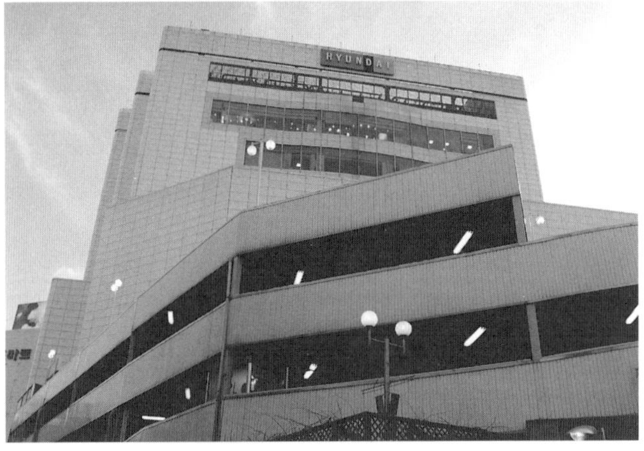

길가 눈높이에서 올려다 본 신촌 현대백화점 전경. 우리는 백화점을 먹여살린다고 생각하고 있지만 백화점이 지역의 맹주로 우리 위에 군림한 지 오래이다.

네일 뿐이다. 따라서 우리가 사는 동네에서 백화점을 빼고는 더 이상 얘기가 불가능하게 되었다.

백화점이 중심이 되어버린 도시. 과연 자랑할 만한 일인가. 우리도 그만큼 잘살게 되었다는 훈장일까. 물론 백화점이 도시의 중심이 된 현상은 국민소득이 만 불을 넘었기 때문에 가능한 일이다. 그러나 반드시 이래야만 되는 것일까. 우리는 이것이 자본주의의 참 모습이요 이상적 종착점으로 알고 있다. 후기 산업사회의 물질적 풍요를 상징하는 성공담으로 기록하고 싶어한다. 이것을 이루었으니 이제 우리도 세계 선진국의 대열에 들었다고 자랑이라도 해야 할 판이다.

그러나 절대 그렇지 않다. 이것은 소득이나 문명체계의 문제가 아니다. 의식수준의 문제요 문명의 질의 문제이다. 서구 선진국 어디를 가 보아도 이렇지 않다. 도시의 중심은 정신적 공간이 되어야 한다. 그 대상은 너무 많다. 역사유적, 문화시설, 예술시설, 종교시설, 학문 교육시설 등 정신적 가치를 담고 있는 공간이 도시의 중심이 되어야 한다. 그리고 반드시 그 옆으로 숨통을 트일 공원이 함께 있어야 한다.

우리에게는 모두 낯선 대상들이다. 도심의 그 비싼 곳에 돈도 안 되는 문화시설과 공원이라니, 사회주의가 아닌 바에 그것이 가능할까. 고궁이야 몇 년에 한 번 잠깐 들르면 된다. 박물관이나 미술관도 돈도 못 버는 주제에 괜히 고상한 척 잘난 체나 하는 미운 오리새끼일 뿐이다. 이것이 도시의 중심부에 대한 우리의 의식구조이다. 이것이 자본주의의 참모습일 것이라고 단정짓는다. 그리고 자본주의의 첨병 서구 선진국도 이럴 것이라고 너무 쉽게 결론지어버린다. 그러나 우리가 모델로 삼고 있는 서구 선진국의 도시들에서는 이런저런 종류의 다양한 정신적 공간들이 도시의 중심을 당연히 지키며 사람들에게 정신적 자양분을 펑펑 공급하고 있다.

백화점이란 어떤 공간인가. 한마디로 물건을 빼곡하게 쌓아 놓고 장사하는 공간이다. '명품이다', '당신의 품격이다' 하고 떠들지만 한마디로 '당신 돈 많아서 좋아 죽겠으니 우리 물건 사달라' 고 아첨하는 것일 뿐이다. 문화를 끌어들여 포장해대지만 가당치도 않은 일이다. 돈밖에 없는 사람들이 자기 열등의식을 감추는 수단일 뿐이다. 그곳에서 정신적 가치 운운하면 몰매 맞는다. 모든 것은 반드시 높은 밀도로 촘촘하게 구성되어야 한다. 가능한 한 큰 도로와 여러 개의 지하철 노선으로 둘러싸여야 된다. 이런 환경을 사람들은 '황금 입지' 라며 군침을 흘리고 발을 동동 구르며 애타게 갖고 싶어한다. 공원이니 숨통이니 했다간 몰매 맞는 정도를 넘어서 전쟁이 벌어진다.

백화점은 부심별로 지역의 맹주로 군림하고 있다. 반드시 지하철역을 끼고 있다. 지하철역 위에는 그 동네에서 가장 큰 버스정류장도 함께 있게 마련이다. 도시의 제1요소인 '이동' 을 점령한 것이다. 덩치도 동네에서 제일 크다. '사람 먹는 하마' 이니 이것은 곧 '돈 먹는 하마' 와 같다. 이렇다 보니 도시 인프라가 우선적으로 집중된다. 교통시설은 물론이요, 전기, 상하수도, 가스 등에서 최우선권을 가진다. 세금도 가장 많이 낸다. 고마워할 일은 아니다. 세금을 가장 많이 내기 위해서는 돈을 가장 많이 번다는 전제조건이 필요하다. 이 모든 것들은 권력으로 직결된다. 굳이 정치권력과의 관계까지 복잡하게 생각할 필요는 없다. 백화점은 각 동네별로 주민들의 일상을 지배한 지 오래이다. 사람들은 백화점을 먹여살린다고 생각하지만 실은 자신들이 키운 공룡으로부터 지배를 당하고 있다.

잠실역. 백화점 지하입구 앞 지하철 통로에 펼쳐진 백화점 좌판. 비대해진 백화점은 공적 영역까지 집어삼킨다.

잠실 롯데. 이곳은 '롯데공화국'이다. 롯데백화점, 롯데호텔, 롯데월드가 스크럼을 짜고 블록 하나를 왕국으로 만들었다. 남산만큼 부푼 흰 배를 드러내며 큰 거인 셋이 주변을 지배한다. 이 일대는 상습정체 지역이다. 인간적 척도는 모래알처럼 부스러졌다. 주변 조형 환경은 거인이 주도하는 울트라 스케일의 질서에 맞춰야 한다. 인간적 척도라도 지키려들면 사방에서 눌려 '짜부'가 되어버린다. 도대체 이 동네는 공간지도가 그려지지를 않는다. 큰 타조 알 몇 개가 머릿속을 꽉 채운 느낌이다.

최근에는 왕국이 '광개토(廣開土)'의 업적을 이루었다. 길 건너편에 롯데캐슬이 황금빛 몸통을 빛내며 완공을 앞두고 있다. 그것도 한 채가 아니라 쌍둥이다. 무지하게 높다. 롯데호텔을 능가하는 높이이다. 롯데공화국을 지키는 말 그대로 '캐슬'이다. 무엇이 그리도 불안해서 지키려했는지는 나도 모르겠다.

잠실 지하철역. 지하철 이용 인구가 2위인 역이다. 롯데공화국 때문에 커진 건지, 큰 역을 롯데공화국이 접수한 건지는 잘 모르겠다. 그러나 한 가지 분명한 것은 이 많은 지하철 이용 인구가 롯데공화국 시민이 되어버린다는 사실이다. 일부는 매우 자발적으로, 일부는 적극적으로 충성을 맹세하며, 일부는 자신도 모르는 사이에, 일부는 멍하니 있다가, 일부는 불쾌하면서도 어쩔 수 없이, 일부는 저항도 해 보다 불가항력적으로 등등.

이유와 사연도 많지만 결과는 매한가지이다. 잠실역에는 이렇게 롯데공화국에 소속된 시민들로 넘쳐난다. 지하철역에 나 있는 십여 군데의 롯데공화국 입구는 진공청소기처럼 사람들을 빨아들인다. 물론 정작 그들이 빨아들이고 싶은 것은 주머니 속의 돈뿐이다. 잠시 발을 들여놓아 보았다. 진열된 물건에 눈길이라도 한번 줄라치면 판매원이 달라붙어 등골이 오싹할 정도로 물건을 살 것을 강요한다. 나는 더 이상 정상적인 한 명의 인격체가 아니다. 5만 원짜리, 혹은 10만 원짜리 화폐단위일 뿐이다.

영등포 롯데백화점 입구. 'LOTTE'라는 간판이 앞에 나서고 그 뒤에 '영등포역'이라는 간판이 뒤쫓아 나온다. 반드시 지하철을 끼고 자리잡게 되어 있는 백화점은 역의 공적 기능을 사유화한다.

이곳에서는 순수하게 지하철만 이용하기가 쉽지 않다. 그 많은 지하철 이용 인구가 직간접으로 롯데공화국을 거쳐가야 한다. 공간 구성부터가 그러하다. 하루 이틀, 일년 이년, 반복적으로 이곳을 오가다 보면 이곳은 백화점 땅이요, 백화점은 우리의 위대한 지도자요, 나도 빨리 돈 많이 벌어서 저런 곳에서 멋진 물건을 팍팍 사야 되겠다는 세뇌교육을 당하게 된다.

문제는 심각하다. 지하철역과 롯데 시설들이 한데 뒤엉켜 구별이 불가능하다.

소공동 롯데백화점 명품관 앞에서 생존권 투쟁을 벌이고 있는 노점상들. 마무리 공사가 한창인 명품관을 배경으로 내건 현수막이 상업공간 속에서 벌어지는 정글의 논리를 잘 보여준다.

지하철역은 엄연한 공공 영역이고 롯데 시설들은 사적 영역이다. 그런데 롯데 시설들이 면적도 더 넓고 훨씬 현란한 상태에서 둘이 섞여버리다 보니 공공 영역마저 롯데 것처럼 되어버렸다. 어디까지가 지하철역이고 어디부터가 백화점인지 구별이 안 된다.

백화점 입구에는 질펀한 좌판이 벌어졌다. 노점상이 아니다. 백화점 판매시설이 밖으로 나온 것이다. 구청에라도 뛰어 들어가 좌판이 벌어진 곳이 롯데 땅인지 지하철 구역인지 확인해볼까 싶었지만 관두었다. 어차피 너무 많이 섞여버렸다. 간판만 해도 그렇다. 지하철 관련 표지판과 백화점 간판이 뒤죽박죽 섞여 있다. '나가는 곳' 뒤로 강렬한 원색 간판의 '롯데월드 어드벤처' 와 '롯데호텔' 이 줄줄이 서있다. 백화점이 지하철을 끼고 들어온 것이 아니라 지하철이 백화점에 속해버린 느낌이다. 지하철마저 백화점 시설의 일부처럼 되어버린 것이다. 백화점에서 지하철마저 관리하는 것 같은 착각이 든다.
지하철 통로에까지 자기네 좌판을 벌린 이 백화점이 정작 소공동에서는 노점상을 몰아내는 일을 저질렀다. 백화점 품위에 손상이 간다는 이유에서이다. 노점상이 문제가 된다면 그것은 국가 전체 차원에서 노점상 전체를 상대로 해결해야 할 문제이다. 사적 영역이 개인적 이익을 위해 물리력을 동원해 해결한 일은 아니다.

어디 이곳뿐이랴. 시내 곳곳이 마찬가지이다. 한마디로 도시 전체가 난장판이다. 최근에는 지하철 역세권을 끼고 대형 종합상가가 수도 없이 들어서고 있다. 이런 종류의 건물은 지금 부동산경기와 건축경기 나아가 국가경제를 이끌어가는 원동력이 되어 있다. 조선, 중앙, 동아의 메이저급 신문광고에서도 이런 종류가 일등고객이 되었다. 요즘 신문을 펼쳐들면 기업광고는 찾기 힘들고 대형 종합상가의 부동산 투자 광고가 압도적으로 지면을 차지하고 있다.
광고를 보자. 참으로 기가 막히다. 상가는 도시 전체와 맞먹을 정도로 크게 그려져 있다. 25층짜리 아파트 건물들은 그 옆에 작은 성냥갑처럼 그려져 있다. 황당하기 그지없는 거짓이다. 스케일 조작이 도가 지나쳐 사기에 가까워지고 있다. 상가 속에는 개미만 하게 그려진 사람들이 수만 명 북적댄다. 건물 주인의 바람을 적나라하게 보여주는 장면이다. 이것은 사람의 인격에 대한 심한 모독이다. 숫제 한 편의 현대화를 보는 느낌이다. 인간이 이토록 과자 부스러기 정도로밖에 취급되지 않는다는 것에 분노할 뿐이다. 문구도 하나같이 투기를 부추긴다. 이곳에 투자하면 하루아침에 떼 부자가 될 것처럼 현란한 문구들로 떠들어댄다.

도시 곳곳 좋은 길목은 모두 백화점과 대형 상가건물이 차지해간다. 점점 마음 편하게 쉴 곳이 없어져간다. 도시의 중심부란 것은 쉽게 만들어지는 것이 아니며 여러 개를 만들 수 있는 것도 아니다. 우리 도시의 현실은 이게 전부이다. 이것을 놔두고 다른 정신적 중심지를 추가로 갖는 것은 불가능하다. 이런 현실은 집 안팎에서 우리를 옥죄는 너무 큰 현실이 되어버렸다. 집안에서는 온갖 광고 전단과 신문광고에 시달린다. 집밖을 나오면 매일 거리에서 마주치며 더더욱 운명적 현실이 되어간다.

견물생심이라고 물신의 현란한 유혹에 한번 걸려들면 그것을 갖고 싶어진다. 꼭 필요한 것인지는 더 이상 판단의 기준이 되지 못한다. 이를 위해 돈을 더 벌어야 되고 그러기 위해서 집은 부동산 투기 대상이 된다. 집이 아파트로 단일화되어 가고 부동산 투기 대상으로 변질되어 가는 현상과 백화점이 도시의 중심을 지배하게 된 현상은 사실 동의어이다. 백화점 쪽에서 보면 높은 밀도로 군집한 소비자가 공략과 관리가 쉽기 때문이다. 실제로 내막을 봐도 백화점 주변에는 같은 이름의 건설회사에서 지은 아파트 단지가 함께 있는 경우가 많다.

이 둘은 서로를 거들어가며 공생한다. 백화점이 하나 들어오면 아파트 시세는

껑충 뛴다. 반대로 아파트 주민들은 백화점에 가서 돈을 써댄다. 자기네 집값 올려준 생명의 은인인데 뭔들 갖다 못 바치랴. 거대한 소비 상업구도가 방구석에서부터 도시 중심에 이르기까지 종합선물세트처럼 우리를 공고히 지배하고 있다. 이런 물신(物神)의 지배를 단군 이래 가난에서 벗어나게 해준 은인이라며 마음으로 섬기는 것이 지금 우리의 자화상이다.

그리스 신전을 모방한
디즈니랜드를 모방한
에버랜드를 모방한 _ 모텔

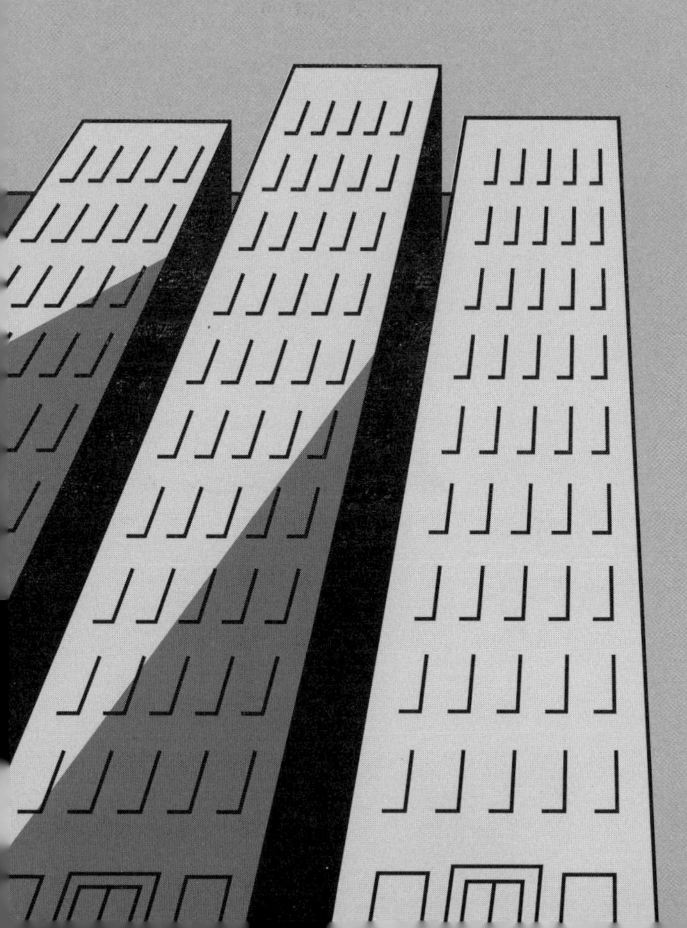

남산에 올라가면 교회랑 약국만 보인다는 말에 한 가지를 더해야 된다. 국도나 고속도로를 달리다 보면 모텔만 보인다는 말이다. 중소도시 가운데에는 높은 곳에 올라가서 보면 교회나 약국보다 모텔이 더 많이 보이는 곳도 있다. 서울을 비롯한 대도시에도 신림동, 신촌, 수유리 등 모텔촌으로 유명한 곳들이 여러 곳 있다. 일산에서는 초등학교 코앞까지 모텔이 세워져 분노한 엄마들이 들고일어나 공사를 중단시킨 적이 있다. 기흥, 천안, 수원 등 일부 도시는 고속도로변에 모텔촌이 집결된 것으로 유명하다. 모텔만 몰려 있어도 유명한 동네가 되는가 보다. 유원지도 문제이다. 장흥 같은 좋은 유원지가 떼 지어 들어선 러브호텔로 다 망가져버렸다.

자동차 여행객이 늘면서 순수 숙박객도 있겠지만 기본적으로 러브호텔의 성격이 더 크다. 이 때문에 모텔의 증가 현상은 사회 전체로 보면 이혼 증가, 집 밖에 애인 만들기, 혼전 성 개방, 원조교제, 신종 매춘 등 성과 관련된 부정적 현상에 대응된다.

모텔은 경제적으로도 독자적 목소리를 낼 정도로 커졌다. 모텔 장사가 잘 되고 안 되는 데 따라 나라 경제가 죽네 사네 하는 판이다. 그것도 모텔업자의 입에서 나온 말이 아니다. 주요 경제단체의 장이라는 사람의 입에서 나온 말이다. 모텔은 대부분 은행 빚을 얻어서 짓는데 모텔이 줄줄이 망하니 은행도 대출금을 회수 못해 덩달아 어려워진다는 논리이다. 이것이 결국 나라 경제 전체를 죽이게 생겼으니 모텔업자들에게 지원을 해야 된다는 주장까지 나왔다.

건전성이나 윤리 등의 비가시적 가치를 빼고 표피적 현상으로만 보면 이런 주장이 완전히 틀렸다고만 볼 수도 없다는 것이 지금 우리 사회의 수준이다. 분명 우리나라는 숙박업과 요식업 비중이 나라 경제를 죽이고 살리고 할 만큼 높은 것이 사실이기도 하다. 러브호텔을 지원하고 그 사용을 장려해야 나라 경제가 살아날 지경에 이르렀다. 돈이라고 다 같은 돈이 아닌데 우리 사회의 내실이란 게 이 정도밖에 안 되는 건지 씁쓸하기만 하다.

건축적으로 보았을 때 모텔이 문제 되는 것은 국적 불명의 해괴한 모습으로 주변의 조형 환경을 어지럽히고 나아가 우리의 가치관을 왜곡시키는 데 있다. 우

한적한 시골 마을을 점령한 모텔촌. 우리 주변의 친숙한 풍경이 되었다. 도시를 교회나 약국이 점령했다면 모텔은 시골 국도변을 점령하며 도농을 양분하는 세력의 한 축으로 등장했다.

리 주변에서 관찰되는 모텔 디자인은 세 가지 정도로 요약될 수 있다.

첫 번째는 전통적인 여관의 모습이다. 붉은 벽돌로 지어진 표준형 건물이다. 이런 유형은 단조롭고 멋이 없을 수는 있어도 상대적으로 덜 문제가 된다. 두 번째는 디즈니랜드로 대표되는 놀이동산 모티브로 지어진 경우이다. 서양의 고성, 궁전, 신전, 심지어 성당 같은 모습으로까지 지어진다. 세 번째는 팝 아트식의 현대 장식주의나 대중주의 양식으로 지어진 경우이다. 흑백의 인조 대리석을 이용한 얼룩말 무늬, 얼룩덜룩한 색을 이용한 현란한 장식, 금속재료를 이용한 첨단 이미지, 네온사인을 이용한 야간 유흥업소의 분위기, 미국 도박도시들의 호텔 모습, 미국 패스트푸드점의 실내장식 등등 다양하기도 하다. 밤이 되면 더 심해진다. 온갖 색의 강렬하고 자극적인 조명들이 난무하기 때문이다.

이들 가운데 첫 번째 것은 여행객을 위한 모텔, 즉 정상적인 숙박업소로 보면 된다. 이런 모텔들은 분명히 한 사회를 구성하는 정정당당한 건축 기능 가운데 하나이다. 올림픽과 월드컵 등 대형 국제행사 때에는 일정한 역할을 하기도 했다. 국내적으로 보더라도 요즘 전국적으로 불고 있는 문화재 답사 열풍과 함께 하는 어엿한 기능을 가지고 있다.

이름도 다복, 진흥, 성실 등 진부할 수는 있어도 문제 될 것은 없다. 지방에 있는 경우에는 그 지방 이름을 그대로 모텔 이름으로 쓴다. 적어도 우리 것이라는 점만은 의심 안 해도 되는 것이다. 어린 딸내미 데리고 가족이 지방 나들이라도 할 때 걱정 안 하고 묵을 수 있는 곳이다. 문제는 두 번째와 세 번째이다. 그 속에서 벌어지는 일은 차치하고라도 순수한 건축 디자인의 관점에서 보았을 때에도 문제가 많다.

두 번째 경우의 문제는 외국의 고전 문화재에 대해 심한 실례를 저지른다는 점이다. 실례는 부메랑이 되어서 우리 자신에게 피해로 돌아온다. 문화재(아무리 그것이 서양 것이라 해도)를 부정확하게 왜곡해도 괜찮다는 인식을 갖게 되며 이것은 문화재 전반을 우습게 여기는 태도로 확장될 수 있다. 특히 문제가 되는

알프스가 아니다. 놀이동산도 아니다. 서울 시내에 북한산을 배경으로 형성된 모텔촌이다.
북한산의 정기가 부끄러울 뿐이다.

것은 미국식의 천박한 대중자본주의에 세뇌를 당하게 된다는 점이다. 모텔에 나타난 이런 디자인 경향은 돈벌이를 위해서라면 문화재에 장난을 쳐도 된다는 미국식 대중자본주의의 전형이다.

이것이 모텔까지 흘러 들어온 것은 놀이동산을 매개로 해서이다. 롯데월드, 에버랜드, 서울대공원 등은 모두 서양의 고전 건축물들을 흉내 낸 미니어처들로 지어져 있다. 모텔은 다시 이것을 흉내 낸 것이다. 이름들도 비슷하다. 나폴리, 베네치아, 로마 등 유럽, 특히 이탈리아 도시들 이름이 많다. 이것이 아닐 경우에도 발렌타인, 센세이션, 러브홀릭 등 자극적인 외국 이름이 대부분을 차지한다. 요약해 보자. '서양의 고전 문화재를 모방한 디즈니랜드를 모방한 놀이동산을 모방한 나폴리 러브호텔'이 된다. 한번에 얘기하기 힘들 정도이다. 코미디의 소재 같다.

최초의 출처는 물론 디즈니랜드이다. 한번 세어보자. '원본 문화재-디즈니랜드-놀이동산-모텔'로 이어지는 여러 겹의 이해하기 힘든 흉내 내기의 연결고리가 있다. 원본인 서양 고전 문화재를 세 다리나 건너며 흉내 낸 것이다. 원본에 대한 세 겹의 왜곡인 셈이다. 이런 현상의 문제는 번역에서의 중역(重譯) 문제에 유추해서 생각하면 이해가 빠를 수 있다. 이것은 중역을 세 번이나 한 것에 해당된다. 지금 우리의 영한사전 수준이 문제되는 것은 일본사전을 중역했기 때문이다. 한 번만 중역을 해도 이 지경인데 무려 세 번이나 했다면 더 말할 필요도 없어진다.

고전 문화재를 패러디화하는 작업은 팝 아트가 시초이다. 여기까지는 예술이니 그럴 수 있다는 것이 중론이다. 고전의 엄숙성을 친숙함으로 바꿀 수 있다면 얻는 것이 더 많을 수 있다. 이런 작업은 예술이 해야 되는 의무 가운데 하나기이도 하다.

다음 단계부터는 조금 복잡해진다. 이것을 상업공간에 돈벌이를 위해 차용하는 것에 대해서는 본고장 미국에서도 논란이 많다. 자본의 농간에 대한 혹독한 비판이 항상 따라다닌다. 설사 옹호하는 입장이라고 해도 패러디를 가하는 구체적 처리에 신중을 기한다. 고전 문화재가 지나치게 경박해지는 것을 경계하는 것이다. 자칫 일반 대중들이 고전 문화재를 우습게 여기고 함부로 대해서 훼손을 가할 수도 있기 때문이다.

디즈니랜드는 이처럼 여러 겹의 견제장치 속에 들어 있는 복합현상인 것이다. 이것이 우리나라의 놀이동산에 수입되면서 견제장치는 사라졌다. 루브르와 노틀담은 미키마우스와 같아졌다. 이것이 다시 모텔로 흘러들면서 3만 원짜리 일회용 섹스와 같아졌다. 이런 짓은 인류 보편적 가치라는 기준에서 보았을 때 할 짓이 못 된다.

세 번째 경우의 문제는 더 직접적이다. 미국 유흥문화의 조형 언어를 모방함으로써 미국식 저질 소비 자본주의에의 종속을 부채질하는 결과로 나타난다. 나라에서 러브호텔을 살려서 장려해야만 경제가 살아난다는 포주의 공갈 같은 소리가 경제단체장의 입에서 나오는 현상이 좋은 증거이다.

시내 간선도로 변에 늘어선 모텔과 고속도로변의 모텔. 흑백을 이용한 얼룩말 무늬, 모자이크 문양, 금속재료를 이용한 유흥적 분위기 등은 미국의 상업대중주의 양식이다.

일부 모텔이 버거킹 같은 패스트푸드점의 실내장식을 흉내 낸 것도 또 다른 증거이다. 이런 모텔 디자인은 겉모양만 보면 팝의 일환으로 생각될 수도 있다. 그러나 본래 팝이 고난도의 해석이 동반된 어려운 기법인 데 반해 여기에서는 나쁘게 변질된 어휘이다. 팝이라는 외국 양식에 대한 또 한번의 단순 모방일 뿐이다. 그것도 건축가들의 손을 떠난 저속한 팝 어휘이다.

일반론적으로 보면 이런 종류의 건축 어휘가 무조건 저속한 것만은 아니다. 본고장에서의 팝은 일반 대중들의 생활 조형 어휘에서 많은 모티브를 가져온다. 팝 건축의 문을 연 로버트 벤추리도 라스베가스의 유흥가로부터 모티브를 찾았다.

그러나 우리의 모텔에 쓰인 어휘는 그 반대이다. 팝 어휘가 주변 조형 환경을 어지럽히고 있다. 우리 것이 아니라서 우리의 일상생활과 동떨어져 있기 때문이다. '모텔에 웬 우리 것'이라는 의문이 상식으로 되어 있는 사회현실이 더 큰 문제이다. 모텔은 숙박업에서의 소매점이나 실핏줄에 해당된다. 우리의 당연한 일상 환경이라는 의미이다. 그렇기 때문에 우리의 것이 되어야 한다. 모텔의 건축 어휘 그 자체의 창작성과 순수 조형성 여부도 중요한 문제이다. 라스베가스의 유흥가에서 팝 건축을 탄생시킨 것과 같은 시대적 고민이 결여되어 있다. 외국 양식을 모방한 데에서 오는 창작성의 결여는 치명적이다.

손님을 끌기 위해 현란하게 외관을 꾸미지만 정작 관심은 조형성이 아닌 불륜 커플들을 위한 서비스에 집중된다. 주차장 입구에 커튼을 쳐놓아서 자동차 번호판을 가리는 서비스는 다 알려진 사실이다. 실내 설계에는 더 기상천외한 서비스가 궁리된다. 예를 들어 엘리베이터는 사람이 타서 버튼을 일단 누르면 중간에 다른 사람이 눌러도 서지 않고 그냥 지나치게 만들어진다. 중간에 다른 불륜 커플과 마주치지 않게 해주기 위한 배려이다.

모텔 설계는 시공업자들이 같이 하는 것이 보통이지만 적지 않은 경우 설계사무소에서 하기도 한다. 시공업자들이 할 경우 다른 모텔을 보고 베끼기 때문에 비슷한 건물이 반복된다. 설계사무소도 크게 나을 건 없다. 모텔 주인의 요구가 정해져 있기도 하려니와 이런 문제를 가지고 심각하게 고민할 여력을 가진 설계사무소는 없다.

우리 경제에서 자영업이 차지하는 비율은 40퍼센트 선. 제조업이 25퍼센트대인 것과 비교하면 이제 우리나라를 먹여살리는 것은 분명 자영업임에 틀림없다. 이런 현상은 표면적으로는 우리 사회도 후기 자

동네 입구까지 밀고 들어온 모텔. '유럽 고성을 모방한 디즈니랜드를 모방한 에버랜드를 모방한 모텔'을 엄마 손잡고 외출하는 어린 딸이 정면으로 맞닥트리고 있다. 이런 환경에서 성장하면 외세 문명에 대해 여러 겹의 왜곡된 시각을 가지며 비판력이 흐려진다.

본주의 시대에 접어들었음을 보여주는 것으로 이해될 수 있다.

그러나 내막을 들여다보면 문제가 많다. 선진국에 비해 자영업 비중이 두 배 가까이 높다. 내용 면에서도 우리의 자영업은 대부분 룸살롱, 갈빗집, 모텔 같은 일회용 소비성 업종이다. 먹고 마시고 섹스하는 게 대부분이라는 얘기이다. 좀 더 건전하게 몸과 마음을 즐기고 단련하는 업종이 부족하다. 포장지도 문제이다. 우리에게 알맞은 모텔 디자인을 못 찾고 '서양의 고전 문화재를 모방한 디즈니랜드를 모방한 놀이동산을 모방한' 국적불명의 건물이 난립하는 현상은 좋은 예이다.

모텔은 사람살이에서 중요한 기능일 수 있다. 특히 21세기가 문화와 관광의 시대임을 생각하면 더욱 그렇다. 지금 우리 사회에 불고 있는 문화재 답사 열기는 경제, 문화, 사회 등 여러 측면에서 긍정적인 현상이며 더 좋은 방향으로 발전시켜야 한다. 숙박업은 여기에서 중요한 기능을 한다.

예를 들어, 유럽의 유명한 고도에는 반드시 유명한 호텔이 도시의 명성과 함께 한다. 한 도시가 아름다운 기억으로 오래 남는 데에 그런 호텔은 중요한 몫을 차지한다. 아는 사람들에게 입소문으로 추천된다. 전 세계에 소개되는 관광책자에 반드시 들어간다. 우리는 이런 것을 가지고 있는가. '그리스 신전을 모방한 디즈니랜드를 모방한 에버랜드를 모방한' 나폴리 러브호텔을 내놓을 것인가.

모사본의 세계 _ 모델하우스

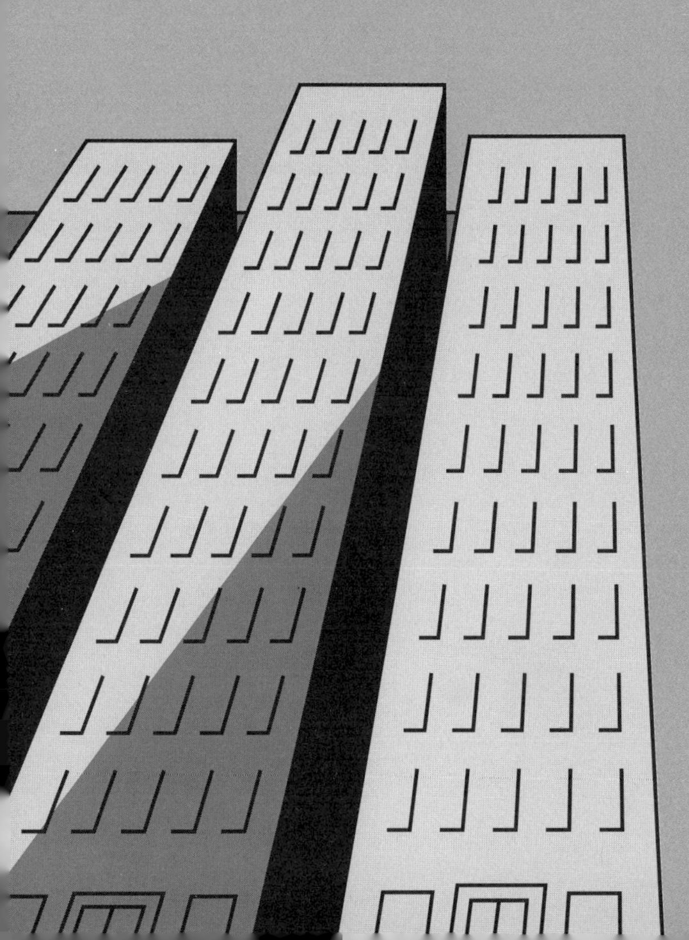

온갖 화려한 모습으로 자태를 뽐내며 동네 곳곳에 불쑥 등장한 모델하우스. 그러나 어느 날 갑자기 사라져버린다. 등장하는 것이 순식간인 것만큼 사라지는 것도 전격적이다. 3주 만에 뚝딱 생겼다가 3일이면 흔적도 없이 사라진다. 장보러 갈 땐 분명히 있던 건물이 어느 날 사라지고 없다. 건물은 사라졌지만 후유증은 오래 남는다. 그 건물이 만들어놓은 잔상이 아직도 눈앞에 선하다. 워낙 현란한 모습으로 치장하고 호객을 했기 때문에 여운은 진하고 오래 남는다.

건설회사 입장에서는 성공한 셈이다. 이번 분양 건은 끝났지만 장사 하루 이틀 할 것도 아니고 이렇게 한번 뇌리에 강하게 박아두면 다음 번 어느 곳에서건 또 만나게 되어 있다. 이런 이유로 건설 회사들은 모델하우스에 공을 많이 들인다.

가급적 눈길을 끌어 상품 선전을 잘해서 가깝게는 이번 분양이 몇십 대 일은 되도록 해야 할 것이며 멀게는 자사의 이미지를 오래도록 간직하게 해야 할 것이다.

모델하우스에는 공통점이 있다. 외관은 서구 최신 양식을 모방하거나 아니면 밑도 끝도 없이 화려하게 치장한다. 이것이 왜 문제인가. 문제는 두 가지이다. 모델하우스 자체에만 국한시켜보면 서구 건축 양식에 대한 심각한 오해를 불러일으킨다. 건축 양식을 콜라나 햄버거 수입하는 것과 같은 것으로 오해하게 만든다. 모방 양식도 하나같이 화려하고 자극적인 것들이다. 개업식 날 미니스커트 입은 도우미들이 음악 크게 틀어놓고 풍선 날리며 춤추는 것에 해당되는 건축 현상이다. 그러나 모델하우스는 쉽게 지었다 쉽게 부수는 가건물일 뿐이다. 방송이나 연극에 쓰이는 무대 세트와 같은 급이다.
그 속에 전시된 아파트 모델까지 생각하면 문제는 더 심각해진다. 모델하우스의 본래 목적은 실제 지어질 아파트를 있는 그대로 똑같이 지어서 보여주는 것이다. 그러나 요즘 우리의 모델하우스는 그렇지 않다. 그곳에는 여러 겹의 부풀리기가 숨어 있다. 법에 걸릴 만한 노골적인 일은 물론 안 한다. 그러나 예민하게 찾아낼 준비가 안 되어 있는 일반인들은 자기도 모르는 사이에 속아넘어갈 수밖에 없는 교묘한 허상이 숨어 있다.
왜 그런가. 모델하우스는 전면이 유리로 지어지는 경우가 많다. 실제 지어지는 아파트보다 실내가 밝다. 공간 크기도 다르다. 모델하우스의 천장은 실제 아파트보다 높다. 이것은 공간을 밝고 시원하고 깨끗하고 위생적으로 보이게 한다. 내장도 잘 꾸며져 있다. 종종 모델하우스에 꾸며놓은 내장과 실제 지어진 것이 달라서 속았다며 분쟁이 일어나곤 한다. 외관의 축제적 분위기는 관람객을 들뜨게 만들어 모델하우스 실내에 들어오면서 실제보다 더 멋있게 느끼는 착각에 빠지게 한다.

모델하우스에서 벌어지는 이런 일들은 모두 허상과 모사본(simulacrum, 시뮬라크룸)의 세계이다. 건물의 골격을 세우는 재료부터가 그렇다. 가건물이기 때문에 소품 만들듯 서구의 어려운 양식을 쉽게 흉내 낼 수 있다. 겉은 화려하지만 베니어판을 오려붙인 경우가 대부분이다. 껍질만 흉내 내는 모사본의 전형이다. 붕어 없는 붕어빵과 같다. 드라마나 연극의 세트처럼 허구의 세계를 담는 가짜 윤곽이다.

화려함이 심할수록 허풍도 심한 세계이다. 초록에 대한 허구적 차용은 특히 두드러진다. 실내에 나무 몇 그루 심는 건 일도 아니기 때문이다. 실내를 온통 흰색으로 칠해 놓으면 초록의 효과는 제곱으로 늘어난다. 천장이 높고 전면이 유리인데다 햇빛도 잘 드니 초록의 효과는 다시 몇 제곱으로 늘어난다. 이렇게 만든 데다 풀 좀 몇 개 더 그려놓고 아파트 이름을 '푸르지오' 라 붙이면 사람들은 정말로 푸른 줄 안다. 다시 이것을 모방한 '푸르지요' 라는 '짝퉁 아파트' 까지 생겨났다. 모사본을 한 번 더 모방한 것까지 나오는 판이다.

투명한 전면 유리로 지어진 모델하우스. 밝고 깨끗한 첨단 이미지에 녹색을 섞었다. 이렇게 하면 이 아파트는 친환경적이고 자연적이며 미래적인 것이 된다. 환경과 자연과 미래와 첨단은 현대 문명 전체를 쥐고 흔들만한 심각한 주제들이지만 모사본의 세계 모델하우스에서는 너무 쉽게 차용된다.

서양의 해체 건축이라는 최신 양식을 모방한 모델하우스. 해체 건축이 왜 우리 아파트의 모델하우스가 되어야 하는지를 설명할 길이 없다. 해체 건축의 원본은 현대 사회의 복합적 모순에 대한 지난한 조형적 고민의 결과로 얻어진 것이지만 이것이 모사본이 되면 베니어합판 오려붙여 공작하듯 만들어진다.

모사본은 실내에 쓰이는 재료에서 더 심화된다. 요즘 건물 실내에 가장 많이 쓰이는 재료는 무늬목이다. 말 그대로 '무늬만 나무'라서 무늬목이다. 무늬목이 흉내 내는 원본은 의외로 많다. 20여 가지는 족히 넘는다. 흑단, 제브라, 월넛, 버드아이, 매이플, 파덕, 스프러스, 미송, 홍송, 향나무, 체리, 비취, 오크, 만소니아, 오동 등등 별의별 나무들이 다 된다. 이외에도 많다.
수목원이나 농원에 있는 나무 이름이 아니다. 웬만한 동네 인테리어 수리 가게에 가면 견본과 함께 쉽게 접할 수 있는 가짜 나무, 무늬목들이다. 더 정확하게 말하자면 무늬목이 흉내 낼 줄 아는 원본 나무들의 다양한 종류들이다. 톱밥 정도를 조금 섞는다고는 하나 주재료는 화학제품이다.
생전 처음 들어본 나무들도 많다. 원본은 한번도 듣지도 보지도 못한 나무를 모사본으로 듣고 본다니 정말로 현대 문명은 사상가들의 지적대로 모사본의 세계인가 보다. 색을 달리하고 온갖 무늬를 넣어서 이런 나무다 저런 나무다 주장하니 그런 줄 알고 믿을 수밖에 도리가 없다. 진짜 원본이 이렇게 생겼는지 일일이 대조해 보지 않는 이상 나무 공부를 화학제품을 보고 하는 꼴이다.
무늬목의 모사 효과는 모델하우스와 세트로 작동한다. 이것이 지금 우리가 접하는 집의 기본 개념이자 실상이다. 베니어판으로 외국 최신 양식을 모방해 가건물로 만든 모델하우스에 들어가서 실제보다 과도하게 꾸며진 실내를 본다. 무늬목은 진짜 나무로 지은 것 같은 착각을 만들어낸다.
마지막은 광고가 담당한다. 자연이 허락했다느니 자연이 지었다느니 도저히 속을 것 같지 않은 문구들이 난무한다. 억지 춘향도 이런 억지가 없다. 그런데도 사람들은 속는다. 경영학 책에는 마케팅 전략이라고 나와 있고 광고학 책에는 반복의 힘이라고 나와 있지만 자본에 의한 현대판 저질 세뇌교육에 다름 아니다. 실제보다 좋아 보이게 만들고 포장까지 그럴싸하게 해놓았으니 분양가를 올려도 별 문제가 없다. 사람들은 모사본을 원본인 줄 알고 착각하며 환상에 계약을 한다.

모델하우스는 온갖 현란한 모습으로 치장하고 호객하다 어느 날 흔적도 없이 사라져버리는 신기루이다. 그러나 허풍이 심할수록 허탈감도 큰 법이다. 지어질 집은 있는 그대로 보여줘야 하는 것이 모델하우스의 임무이건만 현실은 그 반대로 허구적 모사본이 난무하는 집합처가 돼버렸다.

모델하우스는 하루아침에 나온 게 아니다. 10년 이상의 내공을 쌓은 결과이다. 최근에 모델하우스가 유난히 화려해지고 자극이 심해져가는 현상은 괜히 그러는 것이 아니다. 다 이유가 있다. 분양가 자율화 이후 아파트판이 너무 커졌기 때문이다. 건설 회사들은 10여 년 전부터 평당 2000만 원 이상의 분양가를 받아낼 여러 전략들을 짜왔는데 모델하우스를 통한 환상 만들기는 그 가운데 핵심을 차지하는 중요한 내용이었다. 많은 경우 일류 건축가들에게 의뢰를 하기도 한다. 하지만 이것은 건축가로서 할 짓이 못 된다.

요즘 웬만한 초고층 아파트 단지 하나 짓고 나면 수백 억은 남겨야 병신 소리 안 듣는다. 수십 억 정도 남기면 인건비도 못 건진 망한 사업으로 친다. 정상적으로 원가계산해서 양심껏 분양가를 뽑았다간 당장에 무능력한 것으로 찍히며 생매장당한다. 모든 것이 부풀려져야 한다. 모사본의 세계는 이를 위해 가장 좋은 방법이다. 합법을 가장한 바가지 씌우기이다.

모델하우스와 무늬목에서 시작된 모사본은 광고를 지나 결국 분양가의 허구로 끝을 맺는다. 온갖 호들갑을 떨며 좌판을 벌렸다가 분양만 끝나면 철수하는 일회성 투기가 세상을 지배해버렸다. 야바위판하고 다를 바 없다. 온갖 현란한 모습으로 치장하고 호객하다 어느 날 흔적도 없이 사라져버리는 신기루이다. 허풍이 심할수록 허탈감도 큰 법, 바람에 날아가버리듯 하루아침에 사라져버린 모델하우스가 허탈하다. 이것으로 끝이 아니다. 실제 지어진 아파트에 살다 보면 모델하우스에서 본 것과 달라서 또 한번 허탈하다.

모델하우스를 둘러싸고 벌어지는 모사본의 세계는 지금 우리의 집 개념이 있는 그대로 반영된 결과이다. 집은 쉽게 부술 수 있어야 한다. 다시 지어야 돈이 나오기 때문이다. 집의 미덕인 항구성은 사라졌다. 집은 또한 멋 부려서 과대포장해야 한다. 역시 그래야 돈이 나오기 때문이다. 화장을 지우면 친엄마도 자기 딸을 못 알아보고 방학을 보내고 나면 성형수술 때문에 교수도 자기 학생을 못

건물에서 벽체가 꺾이기 위해서는 건축가들은 많은 고민을 해야 하고 절실한 이유가 있어야 된다. 주변 환경에 대한 입장이라는 것도 있다. 모사본의 세계 모델하우스에서 벽체는 종이접기하듯 고민 없이 너무 쉽게 접힌다.

알아보는 겉치레와 성형의 가치가 집 개념까지 지배하는 세계가 되었다. 모두 모사본이 지배하는 세계에서 나타나는 현상들이다.

더 궁극적으로는 원본을 갖지 못하는 현대 산업문명의 근본적 한계이다. 자연에서 분리되며 시작한 현대 산업문명은 스스로 원본이 되지 못하며 원본을 만들어내지도 못한다. 자연의 원본을 모방한 모사본만을 만들어낼 뿐이며 다시 그런 모사본을 반복적으로 모방하는 순환고리에서 헤어나지 못한다. 모든 것의 주기가 처음부터 짧게 잡혔고 점점 짧아져가는 현대 산업문명의 원죄가 서서히 마지막 폐해를 드러내고 있는 형국이다. 물건을 더 팔아먹기 위해 일부러 약하게 만드는 못된 장사꾼 심보가 집에까지 파고들었다. 언제는 집이 썩어서 헐었던가.

날로 광폭해지는 _ 아파트

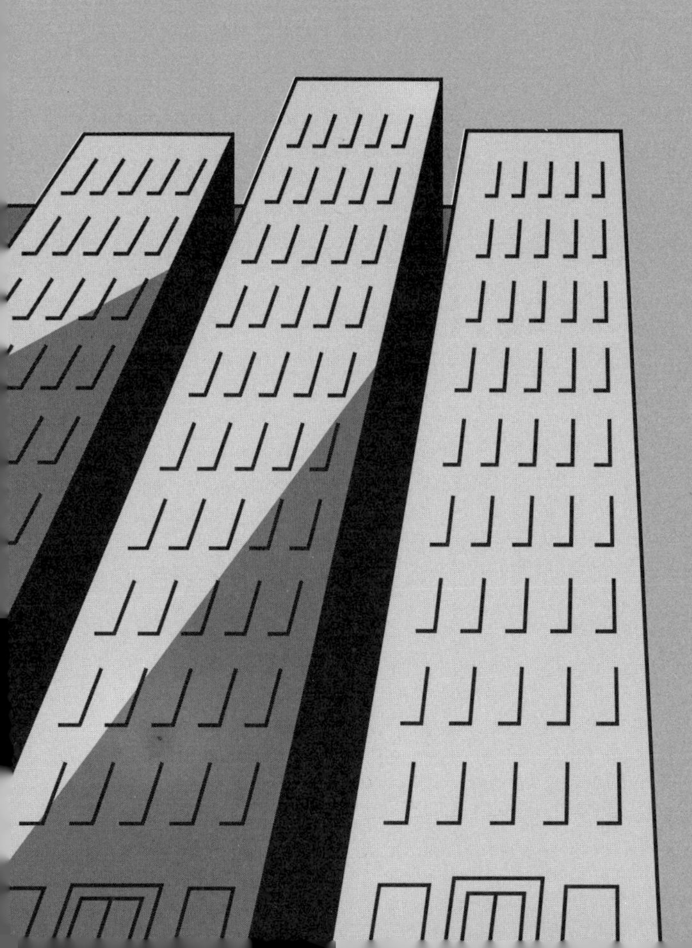

1998년경 국내의 대형 건설회사들은 새로운 준비를 시작하고 있었다. 아파트 분양가가 자율화될 때를 대비해 자사만의 아파트 모델을 개발하는 준비 작업이었다. 당시는 평당 분양가가 200~300만 원 하던 때였다. 그러나 이미 건설회사들은 10년 이내에 분양가가 2000만 원 안팎까지 올라갈 것을 가정하고 이에 맞는 새 아파트 모델을 개발하고 있었다.

개발의 방향은 무척 황당했다. 평당 분양가 2000만 원짜리 아파트에 맞는 '이미지'를 찾아내는 일이 주목적이었다. 10배까지 오르는 가격에 합당한 질적 향상에 대한 고민은 빈약했다. 실내의 질적 변화에 대한 대비는 외국산 고급 마감재를 쓰면 된다는 식이었다. 말이 좋아 '이미지'이지 실상은 그 가격을 그럴싸하게 포장해낼 포장지를 개발하는 일에 모든 능력이 집중되었다. 심하게 얘기하자면 물건값을 더 올려도 뻔뻔하다 소리 안 듣게 해줄 브랜드 만들기 작업이었다.

큰 방향은 가능한 한 고급스럽게 보이도록 하자는 것이었다. 그때 아이디어라고 나온 단어들이 '유럽, 고성(古城), 궁전, 미래, 첨단, 여성, 질투, 경쟁, 환경, 그린, 생태, 자연' 등이었다. 지금 아파트 광고를 도배하고 있는 단어들이다.

아주 잠깐, 아파트에 한옥 창을 넣고 대청마루를 만드는 등 한국식 모델이 등장한 적이 있었지만 6개월을 못 버티고 기억에도 없이 사라져버렸다. 아파트 값을 비싸게 붙일 명분으로는 너무 약하다는 것이 이유였다. 아파트가 한옥이 된다는 논리도 황당했지만 그런 모델로는 값을 올릴 수 없다는 논리는 더 황당했다. 하지만 이것이 현실이었다.

그 자리를 '유럽, 첨단, 그린'으로 대표되는 다른 모델이 차지했다. 이로써 우리 주변을 지배하고 있는 새로운 아파트 유형의 기본 논리가 완성되었다. 그 논리는 참으로 간단하다. "우리 아파트는 유럽풍의 고급 아파트이며 자연적이고 친환경적인 그린 아파트라고 우겨라. 유럽의 고성이나 궁전에 풀벌레 소리를 섞은 것이 가장 좋은 모델이다. 아닌 건 알지만 생떼를 써라. 아니면 매우 첨단적이고 미래적인 것처럼 보이게 해라. 그러면서 실내 마감재를 비싼 외제로 써서 최대한 값을 올려라, 그리고 반드시 여자의 질투 심리를 건드려라"였다. 지금 아파트는 꼭 이대로 가고 있다. 아니 이미 너무 많이 가버렸다. 평당 분양가

1000만 원은 언제 적 얘긴지 까마득하다. 2000만 원을 훌쩍 넘어버린 지도 꽤 되었다.

동호대교 위에 서서 한 바퀴만 돌아보자. 먼저 남쪽을 보자. 그 유명한 압구정동 현대 아파트가 황토색 병풍처럼 둘러쳐져 있다. 1975년에 지어진 15층짜리이다. 동부이촌동에 이보다 먼저 15층짜리 아파트들이 지어졌지만 대단위 단지로는 압구정동이 처음이었다. 고층 아파트의 시작이었다. 사람 사는 집이 15층이라니, 당시만 해도 입이 딱 벌어지는 높기만 하던 층수였다. 이후 약 15년 정도 이 층수가 지배했다. 5층짜리를 재개발해도 15층만 올리면 너도나도 골고루 배터지게 뽑아낼 수 있는 층수였다.

몸을 뒤로 돌려 옥수동 일대를 보자. 25층짜리 아파트들이 작은 동산 높이만큼 올라가 있다. 90년을 넘어오면서 사람들 눈빛이 달라지기 시작했다. 15층 가지고는 성이 안 찬다는 것이었다. 병풍처럼 넓적하던 15층짜리가 창처럼 뾰쪽한 25층으로 높아졌다. 수평비례가 수직비례로 바뀌면서 조형 환경의 개념이 달라졌다. 사람들은 자연 지형에 대해서, 세월의 흔적에 대해서 교만해지기 시작했다. 이런 것들을 부숴야 돈이 나온다고 믿기 시작했다. 돈을 벌기 위해 이런 것들을 밀어버리는 일을 자행하기 시작했다. 초고층 아파트의 시작이었다.

90년대 후반으로 오면서 이것으로 다시 부족해졌다. 건설회사들은 10억 이상 가진 사람들이 몇십만이네 30억 이상 가진 사람들이 몇만이네 하는 통계자료

80년대의 15층 아파트 옆에 하늘을 찌를 듯이 서 있는 60층 아파트.
수평비례에서 수직비례로 급하게 변해간 서울의 발전사를 한눈에 압축해 놓은 장면이다.

를 철석같이 믿었다. 투기와 투자가 구별이 안 되는 사회이니 비싼 상품만 내놓으면 이 사람들이 한 채씩 살 것이라고 예측했다. 그들의 예측은 정확했다. 분양가가 자율화되었다. 그들은 성공했다. 한번 자율화된 분양가는 자기들끼리 주거니 받거니 상승작용을 일으키며 아파트값을 끌어올렸다. 10년 20년 어렵게 모아서 분양받던 이전하고는 완전히 다른 투기 패턴이 형성되었다. 암만 봐도 투기지만 건설회사들은 경제 논리에 기초한 건강한 투자라고 했다.

소득이 선진국에 접어들면 주택시장에는 공공성이 강화되는 것이 통례이지만 우리는 그 반대였다. 틀리기만을 기원했던 건설회사들의 바람과 예측은 정확했다. 40층짜리 철골 아파트가 등장하면서 대히트했다. 분양가도 층수도 모두 고삐가 풀리면서 천정부지로 솟았다. 일부는 50층을 뚫고 60층까지 올라갔다. 강남에서 먼저 시작된 40층짜리 모델은 곧 강북으로 번졌다. 아직 25층짜리 집의 황당함에 익숙해지기도 전이건만, 다시 그 위로 삐쭉삐쭉 고개를 내밀고 높이를 자랑하는 더 센 놈이 최강자로 군림했다. 25층이 초고층이니 40층은 달리 붙일 말도 없었지만 건설회사들은 똑같이 초고층이라고 했다. 수퍼-초고층이라 할 만했다. 울트라-수퍼-초고층은 100층짜리 아파트에 대비해 아껴두어야 할 판이다. 아파트 이름이 생리대 광고처럼 되어버린 판이다.

이처럼 70년대 이후 서울 등 대도시의 현대사는 아파트를 기준으로 정리될 수 있다. 이런 관찰은 동호대교 위뿐만 아니라 서울 시내 어디든 곳곳에서 가능하다. 시내버스를 타고 서울을 돌아다녀보자. 걸어서라도 좋다. 눈높이에서 시선은 완전 차단된다. 45도로 들어도 어림없다. 완전 포위이다. 조금이라도 높은 곳에 올라가서 보면 더 심각하다. 서울의 스카이라인을 지배하는 것은 더 이상 오피스 빌딩이 아니다. 40층짜리 아파트들이다. 멋대가리 없는 초고층 아파트들이 뜬금없이 여기 삐죽 저기 삐죽 고개를 쳐들며 희죽거리고 있다.

이런 아파트들에는 천편일률 같은 공통점이 있다. 자극적이고 현란한 광고가 따라붙는 것이다. 중독이 심해져 점점 강한 약물을 넣어야 자극이 느껴지는 것처럼 조금이라도 더 강렬한 광고 문구를 동원하기 위해서 몸부림을 친다. 이제는 그 놈이 그 놈처럼 같아져서 변별력도 사라지고 있다. 참으로 희한한 광고 문구들이 귀에 남아서 윙윙거리긴 하지만 정작 그것이 어느 아파트, 어느 건설회사 것인지는 잘 모르겠다. 막연한 집단 논리만이 횡행하는 형국이다. 예를 들어 '범서방파'와 '호남파'를 꼼꼼히 따져 구별하는 사람이 없듯, 그저 무엇인가 크고 강력하고 무서운 집단들이 코미디처럼 겨루고 있다는 사실만이 감지될 뿐이다.

광고 문구들을 보자. 저 성에 사는 사람이 누군지 궁금하다, 이 성에서 햇볕 사용법을 배웠다, 친구들이 부러워하는 건강한 사치를 누리자 등등이다. 자기네 40층 아파트가 들어오면 온 도시가 푸른 녹지로 변한다고 생떼를 쓰는 회사도 있다. 배용준이 나와서 내 여자한테는 이런 아파트를 주고 싶다는 회사도 있다. 자기네 아파트에 살면 남편들이 아내를 사랑하게 된다는 회사도 있다. 아파트

초고층 아파트가 들어오면 도시가 망가지지 어떻게 도시가 숨을 쉬게 되는지는 나도 잘 모르겠다. 이런 아파트가 이 광고처럼 녹지를 깔리는 절대 없다.

'평당 1400만원, 황금역세권, 8학군'. 이게 사람 사는 아파트 광고 문구이다. 이것이 우리가 집에 대해 매길 수 있는 사회적 가치의 전부이다.

이름에 '올 래(來)' 자 하나 넣고 여자의 미래가 바뀐다는 회사도 있다. 자기네는 아파트를 짓는 것이 아니라 환경을 짓는다는 회사도 있다. 가우디가 지은 성당 이름과 똑같이 지어놓고 자기네 아파트가 가우디의 명품과 같다는 회사도 있다. 아파트 담에 나무 그려놓고 '푸르지오' 라고 우기는 회사도 있다. 이걸 모방해 '푸르지요' 라는 '짝퉁' 도 생겼다.

이외에도 많다. 나는 우울할 때면 아파트 광고를 본다. 정말로 웃기는 문구들로 넘쳐난다. 새 광고가 나올 때마다 '개콘' 이나 '웃찾사' 프로가 시작할 때보다 더 기다려지고 흥분된다. 이번에는 또 어떤 기상천외한 생떼가 등장할까 기대되기만 한다. 하지만 이건 정말로 서글프고 분노

해야 할 삐뚤어진 현실이다. 좋게 말하면 코미디요, 나쁘게 말하면 사기다.

요즘 개인주택 짓는 일은 자살행위에 비유된다. 땅값 1억에 공사비 2억 해서 3억 들여 집을 지었다고 치자. 그 순간 집에 들어간 공사비 2억은 날아가버린다. 5년 살다 이사를 가게 되었다든가 목돈 쓸 일이 생겼다든가 해서 그 집을 판다고 해 보자. 집값은 한 푼도 못 건진다. 땅값이나 올랐으면 다행이고 그렇지 않으면 고스란히 다 날리게 되어 있다. 그러나 아파트는 그렇지 않다. 묵히면 묵힐수록 골동품처럼 신기하게 돈이 눈덩이처럼 와서 붙는 게 아파트이다. 이 얼마나 신기한 도깨비 방망이인가.
주택산업은 아파트로 완전히 획일화, 표준화되어버렸다. 개인주택 지으려 해도 공사비가 너무 올라 엄두가 나지 않는다. 아파트 시장 한 가지만 남아 있기 때문이다. 작은 개인주택 공사도 아파트 공사에 해당되는 건설산업의 경제 논리에 의해 지배를 받게 되었다. 개인주택은 짓고 싶어도 지을 수 없게 되어버렸다. 셋 중의 하나가 아니면 개인주택 지어 사는 일은 포기해야 한다. 돈을 날리는 한이 있어도 죽어도 아파트에는 못 살겠다든가, 평생 거기서 살다가 뼈를 묻겠다든가, 돈이 너무 많아서 별장으로 짓든가.
새로 짓는 개인주택은 급격히 감소하고 있다. 서울은 아파트 비중이 80퍼센트를 넘어서고 있다. 개인주택은 기존에 살던 사람들만 남아 있는 형국이다. 새로 짓는 주택은 98퍼센트 이상이 아파트이다. 남아 있던 개인주택마저 아파트가

이제 서울의 스카이라인을 지배하는 것은 아파트이다. 능선과 빌딩을 넘어서고 있다.

급속히 대체해가는 판이다. 거대 사기업의 논리, 경제 논리, 산업 논리가 개인의 주거에까지 강제적 영향력을 끼치고 있다. 공적 영역의 탈을 쓴 경제 논리가 개인을 지배하고 있다.

주택산업뿐 아니다. 건설산업 전체가 그런 판이다. 건설회사 이윤에서 아파트 개발이 차지하는 비중이 점점 높아져간다. 아파트가 주력 산업인 벽산건설 같은 곳은 아파트 이윤이 70퍼센트를 차지한다. 계열사 사옥과 공장 공사가 많은

분당의 파크 뷰 아파트. 이 이름은 물론 미국 맨해튼 센트럴 파크 주변의 아파트에서 따온 것이다. 그러나 이 아파트 앞에 있는 것은 파크가 아니라 경부 고속도로이다.

삼성건설에서조차 30퍼센트를 차지한다. 대부분의 건설회사들은 이 둘의 중간쯤인 50~60퍼센트를 차지한다. GDP에서 건설이 차지하는 비중이 15퍼센트 정도이니 결국 GDP의 8퍼센트 이상을 아파트 개발에 의존한다는 얘기이다. 이를 위해 멀쩡한 아파트를 노후주택이라고 우기며 때려부수고 새 아파트를 짓는다. 산 하나 밀어버리는 건 일도 아니다. 아파트는 실내구성, 규모, 공법, 분양가 등 모든 면에서 같아져간다. 중소도시와 시골 논밭 한복판에도 아파트 공사용 대형 크레인밖에 안 보인다. 경제 논리가 표면에 나서지만 진짜 논리는 투기일 뿐이다. 집 문제에는 항상 경제 논리만이 따라다닌다. 불황이면 제일 먼저 나오는 말이 부동산경기를 살리자는 것이다. 부동산경기가 죽어서 나라 경제도 죽는다는 공갈협박에 못 이겨 매번 부동산경기를 풀었다 더 큰 짐을 떠안고 경제는 더욱 나빠지는 악순환에서 못 빠져 나오고 있다.

아직 15층짜리가 재개발된 예는 많지 않지만 이것이 시작되면 지금보다 몇 배 더 강력한 광풍이 온 나라를 휩쓸고 지나갈 것이다. 최근 여러 단지에서 입주자와 건설회사 동맹군이 이 문제를 놓고 정부와 대치 중이다. 시간이 지체될수록 이들의 조바심은 커져만 간다. 조바심은 자신들이 손해를 본다는 피해망상으로 발전한다. 손해를 보상받기 위해서 나중에 더 크게 한 탕하게 된다. 이것은 집값 전체를 들쑤시며 온 나라를 파멸의 구렁텅이로 몰아넣을 것이다.

리모델링도 철저히 돈의 논리에 의해 지배당한다. 일단 집은 재산증식이 되어야 한다고 신앙처럼 믿고 있는 풍조가 문제이다. 리모델링은 건축가들의 창작성이 발휘되기에 좋은 기회이다. 그러나 돈의 논리에 휩쓸리면서 이것은 원천적으로 봉쇄당한다. 한때 재개발에 대한 좋은 대안으로 유행할 것 같던 리모델링도 그저 잠시 반짝이다 끝나버렸다. 재개발을 기다리지 못하고 덥석 리모델링해버린 성질 급한 사람들만 수억 원 챙길 황금 같은 기회를 놓쳐버린 바보가 된 세상이다.

더 큰 문제는 지금의 40층짜리 아파트들이 20년이 되어서 재개발 대상이 되었을 때이다. 40층짜리 모델은 철골 건물들이기 때문에 콘크리트 아파트보다는 더 오래 갈 것이라는 것이 이 모델을 개발한 업자들이 사회에 대해 했던 변명이자 논리이다. 20년이 지나도 재개발 안 해도 된다는 것이다. 그러나 언제는 건물이 썩어서 헐었던가. 건설회사는 뒤에 숨어서 또 충동질을 해댈 것이다. 항상 일반 시민들이나 입주자들이 나서서 시민 경제 죽는다, 재산권 확보하자, 헌법소원 낸다 하며 바람잡이 역할을 한다. 건설회사는 뒤에서 사주하고 지도편달하고 조종하고 뒷돈을 먹인다. 입주민들은 패가 갈려 서로를 죽이고 깡패가 동원될 것이다.

이런 사이클이 한두 번만 돌면 그 다음에는 건설회사는 뒤로 슬쩍 빠져도 입주민 자기네들끼리 '다 알아서' 하게 되어 있다. 10년 지난 아파트가 계속 오르기만 할 리는 만무하다. 이미 20억이네 하는 가격이 가만히 앉아 있다고 40억 되고 60억 되지는 않는 법이다. 유행이란 것도 싫증이란 것도 있다. 입주자들은 자신들 집값이 오르기를 멈추는 순간부터 심한 불안감, 질투심, 조바심, 욕심 등이 뒤범벅된 정신적 공황상태에 시달리며 다음 일을 모색하기 시작할 것이다. 집에서 계속 돈이 나오지 않으면 도대체 견디지를 못하고 숨이 막히고 억울하고 너무 큰 손해를 보는 것 같아서 살 수가 없는 지경이 되는 것이다.

이때 이들이 할 수 있는 것이라고는 헐고 더 높게 짓는 것 말고 무엇이 더 있겠는가. 그걸로 떼돈 벌어 떵떵거리던 집단들인데. 이때쯤 되면 건설회사들은 가만히 앉아 있어도 입주민들이 자발적으로 찾아와 애걸복걸하며 매달릴 것이다.

철골 아파트는 콘크리트보다 헐기도 어렵고 산업쓰레기 처리도 어려운데 어떻게 될지 나도 모르겠다.
가장 큰 문제는 그 끝이 과연 어디냐는 것이다. 40층짜리로도 성이 안 차게 되어 있다. 그 다음은 100층짜리 아파트를 지을 것인가.

창이 안 열리는 _ 초고층 아파트

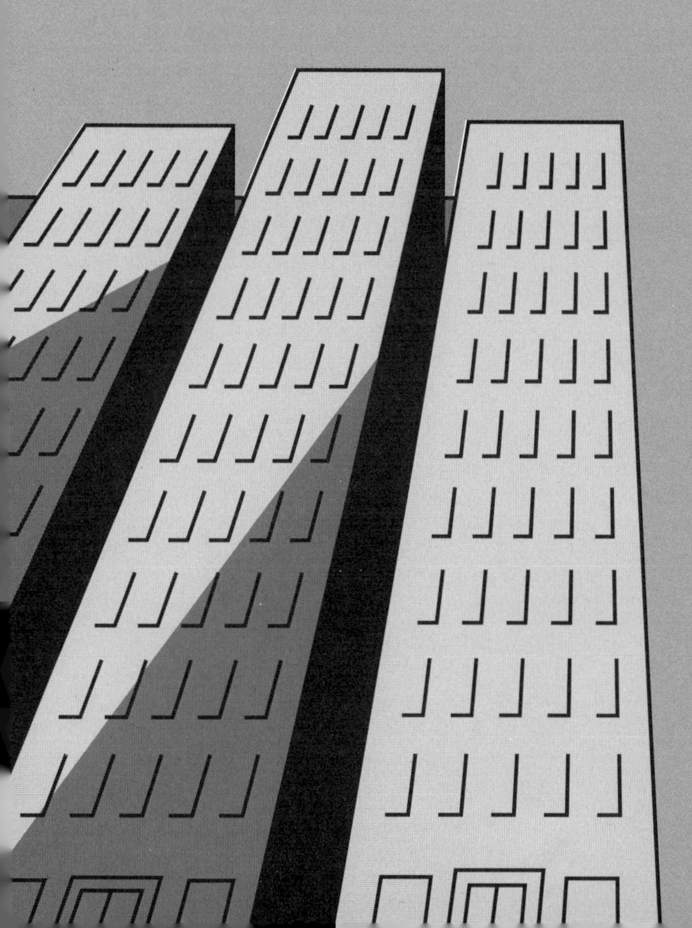

요즘 도심의 초고층 유리건물은 오피스 빌딩이 아닌 아파트로 넘어간 지 꽤 오래되었다. 공실률(空室率)이 늘어나면서 오피스 빌딩 공사는 침체에서 못 벗어나고 있다. 기업 활동이 한계에 이르렀다는 의미이다. 반면 개인이 가지고 있는 돈이 200조니 300조니 하다 보니 이들의 주머니를 노린 새로운 건물 유형이 등장하게 되었다. 바로 초고층 아파트이다.
형식은 오피스텔이다 주상복합이다 해서 구실을 갖추었지만 실상은 아파트 투기를 대규모화해서 판돈을 키운 것뿐이다. 오피스텔처럼 오피스 기능을 함께 집어넣든지 주상복합처럼 저층부를 상업시설로 하면 주거전용 제한을 안 받기 때문에 아파트 건물을 높이, 심지어 60층까지도 지을 수 있기 때문이다. 법을 안 고치고도 뇌물을 먹이지 않고서도 합법적으로 60층짜리 아파트를 지을 수 있는 안전한 투기판을 확보한 셈이다.

이런 변종 아파트에서 순수한 주거 수요가 차지하는 비중은 매우 낮다. 거의 없다고 봐도 된다. 대부분이 투기 수요이다. 이런 아파트는 평당 분양가가 2000만 원을 훌쩍 넘는다. 순수한 주거 수요를 이루는 집 없는 사람들은 모두 서민이거나 젊은 부부들이다. 이런 사람들에게 평당 분양가가 2000만 원을 넘는 아파트는 허탈함이나 호기심의 대상은 될지언정 청약적금을 붓는 목적은 되지 못한다.

초고층 변종 아파트의 투기 수요에는 두 가지 요소가 핵심으로 작용한다. 돈 가진 사람들에게 고급 이미지를 선사함으로써 선별의식의 허영심을 한껏 고취시켜 줄 것과 투기성과를 확실하게 보장해 줄 것이 그것이다. 이것은 집이 갖는 기능 가운데 매우 위험하면서도 저질스러운 것이다. 집을 집답지 못하게 만드는 지름길이다. 집을 끼고 돈은 만질지언정 몸과 마음을 망치며 망하는 길로 접어드는 출발점이다. 몸을 보호하고 나아가 편안한 마음을 지키자는 집 때문에 몸과 마음이 오히려 망가지는데도 오히려 자꾸 망하는 길로 나가는 것이 오늘날의 현실이다.

아니나 다를까. 투기와 허영심이라는 잘못된 목적을 위해 낸다고 낸 꾀가 가관이다. 분양가를 평당 2000만 원은 받아야 하다 보니 실내에는 쓰지도 않는 별의별 장치들이 다 들어가고 원목이다 수입 대리석이다 해서 비싼 사치재로 치장한다. 부엌 싱크대 세트만 1억이네 2억이네 하는 판이다. 우리한테는 전혀 안 맞는, 서양의 상류층이 요리사를 거느리며 사용하는 데 필요한 기능들까지 갖추고 있다. 아파트 이름이 '○○ 캐슬'이니 사실 이런 시설이 빠지면 웃기긴 웃길 것이다. 처음부터 방향이 잘못 잡혔다는 의미이다.

20층의 오피스 빌딩을 낮고 초라하다며 비웃기라도 하듯 그 위로 불뚝 솟아오른 초고층 아파트. 오피스 빌딩보다 더 오피스답다.

외관은 오피스 빌딩을 닮게 만든다. 오피스텔은 말 그대로 오피스 호텔이니 그래야 되고, 주상복합은 저층부에 들어가는 상업시설 때문에 또 그래야 된다. 아파트를 60층으로 올리기 위해서 치러야 될 대가인 셈이다. 그러나 이런 현상은 대가가 아니라 그 반대로 '세련된 외모'라는 긍정적 요소로 탈바꿈한다. 이 또한 투기판에서만 벌어질 수 있는 교묘한 변장술의 위력이다.

오피스 닮은 외관에서 발생하는 문제는 심각하다. 오피스 빌딩을 흉내 내 전면 유리로 짓다 보니 창이 안 열리게 된 것이다. 열리는 창은 한 구석에 손바닥만큼, 그것도 큰맘 먹고 마지못해 동냥하듯 만들어져 있다. 크기만 작은 것이 아니다. 열리는 각도가 옆으로 여는 창은 45도, 들어 올리는 창은 20도만 돼도 선심 쓴 것이고 보통은 그보다 훨씬 못하다.
사람 사는 집에서 창이 안 열린다? 이 무슨 해괴한 소리인가 하겠지만 실제로 그렇다. 건축하는 사람은 다 알겠지만 창을 열리도록 디자인하면 프레임이 두 겹이 되기 때문에 디테일이 지저분해진다고 믿는 건축가들이 많이 있다. 이 때문에 이음새 없는 깨끗한 외관을 위해 오피스 빌딩은 보통 창이 안 열린다. 실내 열환경 문제는 기계식 강제 공기조화로 해결한다. 이런 방식은 오피스 빌딩에서조차도 논란이 되고 있는데 이것이 사람 사는 집까지 지배하게 된 것이다.
문제는 정말로 심각하다. 자연환기로 충분히 버틸 수 있는 4~5월부터 냉방을 틀기 시작해서 10월 심지어 11월까지 틀어야 된다. 이 때문에 햇빛 잘 드는 남

분당에서 제일 좋다는 초고층 아파트의 창문.
어항 속에서 산소가 부족해 물 위로 입을 내놓고 껌뻑이는 금붕어를 보는 것 같다.

향은 오히려 기피대상이 되기도 한다. 5월과 10월의 햇빛을 귀찮은 존재로 여기기 시작한다면 그 사람의 자연관은 이미 심하게 일그러진 것이다. 그 속에 사는 사람의 기와 혈이 제대로 돌 리가 없다. 호흡기와 순환기 계통의 잔병을 달고 산다. 이를 고치기 위해 병원에 가서 독한 주사를 맞고 약을 먹는다. 인공성이 두 겹 세 겹으로 생활을 지배하면서 악순환의 고리에 빠져든다.

건강상의 문제만이 아니다. 생활 전반까지 악화된다. 맑은 공기에 시원하게 빨래라도 말려보고 싶지만 불가능하다. 청국장이라도 끓여먹거나 고등어라도 구워먹는 날이면 고통이 이만저만이 아니다. 냄새 빠지는 데 1주일 이상 걸린다. 귀찮으니까 점점 인스턴트 가공식품에 의존하게 된다. 이걸 사람 먹는 거라고 먹고사니 몸이 정상일 리가 없다. 가진 게 돈뿐이라고 이상한 보약이나 찾게 된다. 방송에서 운동하라고 난리니 운동이라도 해볼까 나서보지만 기껏 가는 곳은 같은 건물 내에 있는 헬스클럽이다.

그럴 수밖에 없는 것이 이런 종류의 초고층 아파트의 주변 환경을 보면 달리 운동할 곳이 없는 경우가 대부분이다. 헬스클럽이라고 하지만 자기 집하고 같은 건물에 들어 있으니 이곳도 창이 안 열리기는 마찬가지. 운동으로 호흡량이 많아진 상태에서 냉방 공기로 폐를 가득 채운다. 결국 인공성의 폐해가 쳐놓은 거대한 성에서 못 빠져 나오고 헐떡거리며 살과 뼈를 갉히며 살아가는 것이다. 이런 종류의 초고층 아파트에 많이 붙는 '캐슬'이라는 이름이 이런 식의 배타적이고 폐쇄적인 자폐 공간을 의미하는 것이 되어가고 있다.

이런 집들일수록 자기 콤플렉스가 심해서 광고에는 꼭 자연을 끌어들인다. 창을 안 열리게 해놓고 자연이 허락했느니 자연이 지었느니 하고 떠든다. 아니다, 절대 그럴 리 없다. 자연이 이런 걸 허락했을 리 없다. 자연이 이렇게 지었을 리 없다. 이게 요즘 평당 2000만 원을 넘어서는 가장 좋다는 집의 현실이다.
여기에서 벗어나는 길은 오직 하나, 이곳을 탈출하는 것뿐이다. 그러나 여기 사는 사람들은 절대 그러지 못한다. 그럴 수 있는 사람 같았으면 처음부터 들어가지도 않았다. 못 들어가서 난리인 사람들이 줄을 서서 기다리고 있다. 우리나라에서 제일 비싼 아파트에 산다는 허영심은 너무도 견고하고 완강한 것이어서 마치 노예를 묶어두는 쇠공처럼 이들의 발목을, 아니 마음을 꽉 잡고 놓지를 않는다.
무릇 집이란 외기와 숨을 통해야 건강성을 유지하게 되어 있다. 추위, 더위, 비바람 등 자연환경으로부터 사람을 보호하는 것이 집의 기능이지만 이것이 목적이 될 수는 없다. 목적은 쾌적한 환경이다. 자연환경으로부터의 보호는 쾌적한 환경을 돕는 선까지만 유효하다. 그 이상을 넘어서면 그것은 독이요, 더 심해지면 악이 된다.
외기와의 일정한 소통은 쾌적한 환경을 위해서 꼭 필요한 것이기 때문에 냉난방만큼, 아니 냉난방보다 훨씬 더 중요한 것이다. 냉난방 없이는 살 수 있어도 외기와의 소통 없이는 살 수 없기 때문이다. 냉난방이 지나쳐 쾌적한 환경을 해친다면 이것은 집의 기본 의미에서 벗어나는 것이다.

또한 집은 그 속에 사는 가정의 가풍과 분위기와 품격을 보여주는 얼굴이다. 내심의 발로가 얼굴의 인상인 것과 같은 이치이다. 우리 선조들은 집이 갖는 이런 인상 기능에 정심(情深)이니 기성(氣盛)이니 하는 정신적, 심리적, 심미적 가치를 부여했다. 사람마다 얼굴이 다르듯이 집도 분위기와 모습이 달라야 한다. 집은 주관화가 가장 큰 건물 유형이다.
그러나 지금 우리는 반대로 가고 있다. 아파트는 객관화가 높은 건물 유형이기 때문에 집의 주관화를 지운다. 그것도 모자라 객관화가 가장 심한 오피스를 닮아가고 있다. 주관화가 가장 큰 유형을 객관화가 가장 큰 방식으로 바꿔치기 하고 있다. 멀리서 보면 번들거리는 멋진 유리집이지만 가까이 가서 보자. 열리지도 않는 유리 속에 생활용품과 가재도구들이 가득 쌓여 있는 것을 쉽게 발견할 수 있다. 빨래도 널려 있다. 어항 속에 갇혀 헐떡이는 붕어가 떠오른다. 이렇게 힘들게 스스로를 옭아매는 이유는 단 한 가지, 돈이 나오기 때문이다. 아파트로 뻥 한번 잘 치면 건설회사, 관련 공무원, 재개발 조합, 주민, 그리고 조폭까지 배터지게 챙길 수 있다.

오피스를 닮은 초고층 아파트는 후기 산업사회의 보편적 현상 가운데 하나이다. 서양 선진국에서 먼저 시작된 것이기도 하다. 이 자체는 문명 차원의 문제이기 때문에 건축적 입장에서 왈가왈부하기에는 적당치 않을 수 있다. 자본주의 시대에 일정한 부가 축적된 뒤에 나타나는 자연스러운 현상이라고 볼 수도

뜬금없는 초고층 아파트. 높이는 그 자체가 가장 견고한 단절이다. 이 많은 세대를 땅 위에 넓게 펼쳐놓았을 때 가질 수 있는 좋은 점과 혜택에 대해서 사람들은 알아야 한다.

있다.
그러나 여전히 문제는 남는다. 문제는 두 가지이다. 한 가지는 서양 선진국에서는 이런 현상이 차지하는 비중이 매우 낮은 반면 우리는 아파트 시장 전체를 주도하는 광풍으로 번져간다는 데 있다. 초고층 아파트는 다른 주택시장 전체의 가격구도에 영향을 끼치고 있다.
다른 한 가지는 지금 우리 사회에서 이런 현상을 이끌어가고 있는 상류층의 부가 축적된 과정이 서양의 경우만큼 투명하고 책임을 다한 것이었느냐의 문제이다. 비정상적인 방법으로 부를 불린 계층이 서양의 최신 유행 현상을 매우 작위적으로 흉내 내는 것에 가깝다는 의미이다. 20억이면 200만 불이다. 200만 불짜리 집이면 서양 선진국에서도 쉽지 않은 가격이다.
과연 이런 집을 사들이는 우리나라의 상류층들이 후기 산업사회를 들먹일 만한 자본적 도덕성을 갖추었는가. 이런 집은 부동산 투기의 끝에 나온 저질스런 상품일 뿐이지 건강한 경제활동의 떳떳한 산물이 아니다. 건전하게 열심히 일하고 세금 다 내고 사회에 기여하면서 제대로 돈 번 사람들의 집이 아니다. 돈만 쌓였다고 후기 산업사회가 되는 것은 아니다.
오피스 빌딩을 닮은 초고층 아파트에 나타난 부의 상징은 과연 자랑스러운 것인가. 분명 이런 모습은 후기 자본주의 시대의 산업 이미지를 상징하는 것이다. 산업 이미지는 미래와 첨단을 상징하는데 이것은 후기 자본주의 시대에는 고급스러움을 상징하는 것과 동의어가 된다.

그러나 이것이 사람 사는 집이라고 생각해 보자. 창이 안 열리는 문제는 그렇게 간단한 게 아니다. 냉난방을 기계로 해결하겠다는 계산에는 사람에 대한 생각이 어떠한지가 잘 드러난다. 건물 속에 사는 사람살이를 생각해서 집이 결정된 게 아니고 오피스 빌딩이라는 모델이 먼저 정해진 다음 거기에 맞춰 집의 개념이 조절되어야 한다는 논리이다. 그리고 사람들이 다시 그렇게 변질된(이것은 조절이 아니고 변질이다) 집에 맞춰야 된다는 논리이다.

이때 변질의 절대적이고 유일한 기준은 돈이다. 건설회사도 돈을 더 벌고 집 산 사람도 집값 올라서 돈을 더 벌기 위해 치르는 희생이다. 이것이 과연 온당한 것인가. 집에는 건물과 사람 사이의 순서라는 것이 있다. 사람이 있고 집이 있는 것이지 집이 있고 사람이 있는 것이 아니다. 집이 사람에 맞춰야지 사람이 집에 맞출 수는 없는 것이다.

또 다른 문제도 있다. 초고층 아파트는 극단적인 고밀도가 요구되는 주택방식이다. 이런 것이 세워지기 위해서는 그만큼 비상한 상황이 있어야 한다. 비상한 경우가 늘 일어날 리 없기 때문에 한 사회 단위에서 이런 아파트가 차지하는 비중은 어느 선을 안 넘는 것이 상식이다. 서구에서도 비상한 경우에만 조금씩 짓는 특수한 예이다. 비현실성, 황당함, 삭막함, 위험성 등이 그만큼 크기 때문이다.

그러나 우리의 경우는 그렇지가 않다. 하나의 유행처럼 아파트 산업 전체가 이쪽으로 넘어가고 있다. 그런 비현실적인 모델이 지금 우리나라에서는 가장 당연한 현실이 되면서 도시 전체, 사람살이 전체를 들었다 놨다하고 있다. 가장 부러운 선망의 대상이 되어 있기도 하다.

물론 이렇게 흘러가는 이유는 아파트가 건설산업, 나아가 나라 경제 전체를 죽였다 살렸다 하기 때문이다. 아파트는 플랜트, 항만, 도로 등 토목공사에 비해 순익률이 낮은 분야이다. 여기에서 1조니 2조니 하는 매출을 올려야 살아남는다고 생각하다 보니 공사비를 부풀리기 위한 별의별 방법이 다 동원된다. 지금 초고층 아파트는 합법에서 불법에 이르는 모든 종류의 부동산 투기의 종합전시장이 되어가고 있다.

초고층화는 좁게 보면 아파트 내부적으로도 문제를 야기한다. 세대수가 많아지다 보니 기본적인 상권이 모두 아파트 건물 내에서 해결되도록 한 것이다. 주상복합이라는 기준에 맞추기 위한 측면도 있고 이렇게 해야 집값 올려 받기에 적합하기 때문인 측면도 있다. 어쨌든 그 결과 나타난 현상들이 문제라는 것이다. 이전에는 아파트 단지 내에서 해결되던 상권이 이제는 건물 하나 속에서 해결되고 있다. 초고층 건물에 사람들을 몰아넣고 그 속에서 모든 생활을 다 해결할 수 있게 한 것이다. 이제 가게에 물건 사러 아파트 밖으로 나오는 것은 촌스런 장면이 되었다. 건물 하나가 이름 그대로 하나의 '캐슬'이 되어버렸다. 이제는 촌스럽게 담을 쌓을 일조차 없어졌다. 건물 자체가 캐슬이 되면서 하나의 큰 요새가 되었기 때문이다. 여기에 온갖 최신 도난방지장치가 더해지면서 담 쳐서 사람 쫓는 건 옛날 25층짜리 아파트 시대의 촌스런 풍경이 되어버렸다.

이것은 주변과 심한 단절을 일으킨다. 마치 고층 오피스 빌딩으로 가득 찬 도심

뉴타운의 오피스 빌딩이 아니다. 전부 아파트이다. 이름은 '경희궁의 아침'이다. 궁전하고 무슨 관계가 있는지 아무리 생각해도 모르겠다. 빌딩보다 더 빌딩처럼, 초고층이란 말 뒤에는 무엇이 기다릴까.

의 옥외 공간이 버려진 중성공간이 되어가는 것과 마찬가지이다. 초고층 아파트가 들어선 지역은 아파트 주변으로 아무도 거들떠보지 않는 죽은 중성공간으로 채워지고 있다. 인동간격을 확보하고 용적률을 맞추기 위해 주변에 적지 않은 공간이 확보되지만 모두 버려진 공터일 뿐 사람 사는 공간으로 발전하지 못하고 있다.

소위 후기 산업사회의 멋 — 서구적 이미지, 첨단적 이미지, 산업적 이미지 —

이게 사람 사는 집이란다. 사람 사는 집에 창이 안 열린다? 누구나 갖고 싶어하는 선망의 대상이란다. 이건 엄연히 사람 사는 집이어야 한다.

이라는 것은 참으로 경망하고 비인간적이기 짝이 없는 것들이지만 많은 사람들은 이것을 세련된 멋으로 받아들인다. 세련됨은 곧 돈벌이하기에 유리하다는 얘기가 된다. 이런 이미지들이 얼마나 허망하고 위험하고 비인간적이고 삭막하고 불편한지 속이면서 사람들의 감각적 자극만 긁어대면서 돈벌이에만 열중하고 있다.

이런 식의 작태는 고급 건축가라는 사람들이 더 앞장서서 보이고 있다. 이런 초고층 아파트는 암암리에 맨해튼이나 시카고를 모델로 삼은 것이다. 공사장 선전 간판을 보자. 주변을 제압하고 솟아오른 초고층의 자랑스러움은 분명 맨해튼이나 시카고의 이미지이다. 좀 더 직접적인 증거도 있다. 송도 신도시 개발 광고 문구를 보자. 맨해튼을 경쟁자로 상정하고 있다. 세계가 부러워할 것이란다. 과연 이렇게 해서 부러워할까. 맨해튼을 10000분의 1 정도로 축소해서 모방한 걸 보고 세계가 부러워한다고 우기는 이들은 도대체 무슨 계산을 하고 있는 것일까.

최근 고위 공직자들 셋이 투기 전력으로 물러났다. '못 하면 병신이요 걸리면 등신이요 한 몫 챙기면 당연한 것' 이 우리나라 부동산 투기의 현 주소이다. 현재 우리나라 사람들이 땅과 집에 대해 가지고 있는 인식을 잘 보여준다. 유교 왕정시대 때 땅이 유일한 권력이던 잔재가 남아 자본주의의 못된 습성과 합쳐지면서 유교 자본주의라는 치료 불가능한 악성 합병증으로 나타난 것이다. 이런 종류의 아파트를 설계하고 짓는 설계사무소 소장들이나 건설회사 임원들을 만나서 물어봤다. 이 뒤에는 무엇이 기다리고 있느냐고. 과연 이런 현상이 우리나라에 합당한 것이냐고. 그들의 대답은 하나같이 '나도 모르겠다. 그냥 사회가 그렇게 흘러가고 수요가 있고 회사에서 하라고 하니까 한다' 였다.

일반론적으로 초고층 아파트는 후기 자본주의의 건축적 현상 가운데 하나이다. 서양의 경우 그곳에는 사회, 경제, 문화적 코드가 복잡하게 얽혀있다. 우리는 이 가운데 '투기' 라는 한 가지 목적에 집착하는 편집증에 해당된다. 우리의 초고층 아파트는 건전한 돌파구를 찾지 못하고 변비에 걸린 후기 자본주의 시대의 부를 뚫기 위한 단기처방의 배설작용이다. 근본을 못 고친 단기처방은 항상 더 자극적 처방을 요구하게 되어 있다. 돈이라고 무한정 있지는 않을 터, 초고층 아파트로 다 빼먹고 나면 그 다음은 무엇이 기다리고 있을지 정말로 궁금해서 견딜 수가 없다.

촘촘히, 빼곡히, 층층이 _ 대형 의류매장

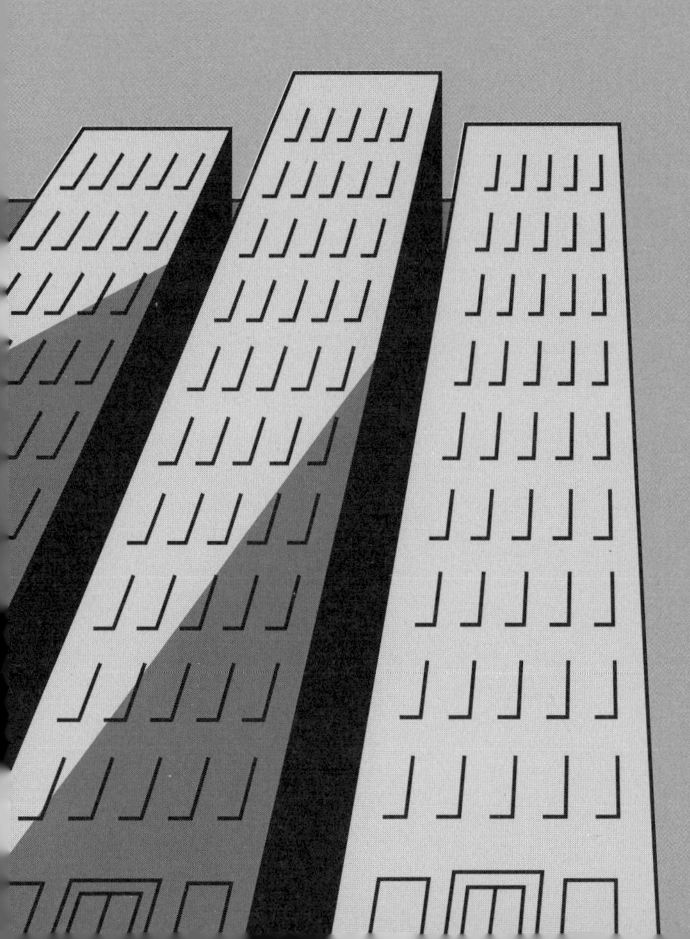

동대문 두타, 명동 밀레오레, 남대문 메사. 대표적인 대형 의류매장들이다. 공통점이 있다. 덩치가 무지하게 크다는 것이다. 의류매장치고 큰 것이 아니다. 서울 시내를 통틀어서도 상당히 큰 건물들이다. 의류매장이라면 쉬운 말로 옷가게이다. 옷가게가 저렇게 클 필요가 있을까 하는 의문은 요즘 시대에는 무식한 질문에 속한다.

이런 대형화는 자본의 논리에 의하면 전문상가의 집중에 해당된다. 이래야 장사가 잘 된다. 이를테면 공구상가가 청계천에, 가구점이 논현동에, 양복점이 소공동에 밀집해 있는 것과 같은 이치이다. 그것을 수직으로 쌓은 차이만이 있을 뿐이다. 장사만 잘 되는 것이 아니다. 새로운 디자인의 개발과 응용, 상품제작과 유통, 자본회전 등 모든 면에서 유리하다. 자본의 논리를 기준으로 하면 이런 건물들은 클수록 미덕이다. 현재보다 더 커지지 못한 것이 아쉬울 따름이다.

건축의 논리로 보면 얘기는 달라진다. 크기 문제는 그렇다고 치자. 이 건물들은 또 다른 고약한 공통점을 가지고 있다. 복도는 사람 한 명 겨우 지날 정도로 좁고, 나머지는 모두 옷가게들로 빼곡히 채워져 있으며, 창이 없다는 점이다. 이런 구성이 시루떡처럼 층층이 쌓여져 있다. 이유는 간단하다. 가능한 한 최대면적을 분양하거나 임대하기 위해서이다. 자선사업도 아니고 돈 벌려고 지은 건물인데 그럴 수 있다고 치자. 문제는 정도이다. 여러 관점에서 생각해 보자.

건축에 '실율' 이라는 것이 있다. '室率' 이라고 쓸 수도 있고 '實率' 이라고 쓸 수도 있다. 한 건물 내에서 계단, 복도, 화장실, 여백 공간 등의 공적 영역을 제외하고 남는 실제 방, 즉 사적 영역의 비율을 말하는 것이다. 실율은 전문적인 개념이 아니다. 우리 주변에서 늘 부딪히는 문제이다. 아파트에서 실제면적이 분양면적보다 줄어드는 것도 실율의 개념이다. 가게나 오피스를 임대할 때 계약면적은 100평인데 실제 면적이 62평일 때 실율은 62퍼센트가 된다.

실율은 양면성을 갖는다. 건물주 입장에서는 실율이 높을수록 공간 사용의 효율, 특히 경제성이 높아진다. 반면 사용자 입장에서는 낮을수록 공간적 여유와 쾌적도가 보장된다. 실율이 높다는 것은 좁은 복도 양편에 방만 줄줄이 늘어서는 닭장 같은 건물이라는 얘기다. 실율이 낮다는 것은 중간에 숨통이 트일 만한 여백도 있고 복도나 계단도 널찍하다는 얘기다.

이런 양면성은 자본주의의 속성과도 일치한다. 회사에서 자사 빌딩을 지을 때 회장님은 실율을 높이려 할 것이고 직원들은 낮추고 싶어할 것이다. 자본주의의 영원한 미제(未題)인 상쇄적 쌍개념이다. 실율의 변화 추이는 자본주의의 발전 단계와도 궤를 같이 한다. 한참 성장 단계에 있을 때 지어지는 건물들에서는 실율이 높게 나타난다. 실율이 낮은 것은 낭비이고 심한 경우 죄가 되기도 한다. 압축 개발기 때 청년기를 보낸 50대 이상 세대는 지금도 건물을 볼 때 공간 낭비가 있는지를 중요한 기준으로 삼는다. 후기 자본주의로 올수록 여유가 생기면서 실율이 낮아진다. 실율이 높은 것은 수전노의 문화적 소아증으로 여겨진다. 드라마를 보면 잘 알 수 있다. 트렌드 드라마를 보면 중간 중간에 뻥 뚫린 시원한 공간을 갖는 건물이 배경으로 쓰인다.

다른 측면에서 생각할 수도 있다. 부동산 투기가 심할수록, 혹은 부동산에의 의존도가 높을수록 실율이 높게 나타난다. 그러나 꼭 그런 것은 아니다. 문화 수준이 올라가면 실율이 낮은 건물은 평당 임대료가 더 비싸진다. 공간의 질적 측면도 임대료에 반영되는 것이다. 따라서 소득 수준은 높은데 여전히 실율이 높은 경향이 유지된다면 그것은 그 사회가 건물의 질적 측면은 보지 못하고 양적 측면만 본다는 것을 의미한다.

우리 사회는 어떠한가. 오피스 빌딩, 학교, 병원, 관공서 등 주요 공공건물을 보면 여전히 실율이 높다. 건물 구성은 일자형 중복도가 가장 많다. 뻥 뚫린 로비

동대문 의류시장. 창이 없는 건물은 휴먼 스케일을 지운다. 잘해야 벽걸이 뒷배경이요 잘못하면 흉물스러운 죽은 공룡이 되어버린다.

동대문 대형 의류매장 앞. 실내에서 빼곡하다 못해 넘쳐난 점포는 보도까지 점령했다. 이곳을 뚫고 지나가는 것은 전투에 가깝다. 땅 한 뼘이라도 딱딱 긁어서 돈 버는 용도에 모두 쏟아 붓고 있다.

를 기대하기는 어렵다. 지상에 가까운 2~5층 사이는 로얄층이어서 평당 임대료가 가장 높은 곳이기 때문이다.

실율은 어느 정도가 적당한가. 딱 부러지는 공식이 있는 것은 아니다. 건물 종류나 사회 분위기 등에 따른 편차가 크다. 대강 말하자면 50퍼센트 내외이면 비교적 숨 쉴 만한 쾌적한 건물이 된다. 60퍼센트를 넘어서면 답답해지기 시작한다. 이 때문에 건축법에서는 계단, 화장실, 복도 등의 최소 폭을 규정하고 있다. 설계사무소에서는 가끔 오피스 빌딩이나 상가를 설계하면서 누가 높은 실율을 만들어내는가 내기를 하기도 한다. 법규를 지키면서 얻어낼 수 있는 한계는 대략 75퍼센트 내외가 된다.

대형 의류매장은 어떠한가. 이 한계를 넘고 있다. 각 점포들이 벽으로 막힌 방이 아니라는 이유로 복도 폭의 최소 규정을 안 받기 때문이다. 점포 앞의 상당 부분을 진열물이 차지한 것까지 고려하면 더 심각해진다. 이 정도면 지하 주차장과 전문식당가를 빼고 옷 매장만 따졌을 때 80퍼센트에 육박할 수 있다.

실율이라는 수치로 나타나는 문제점은 실제 가보면 즉각적으로 느낄 수 있다. 이 속은 옷에 집중하는 일 이외에는 다른 어떤 것도 허용이 되지 않는다. 콘텐츠가 한 가지로 단순 집중되면서 사람을 심하게 몰아붙인다. 복도는 좁고 실내에는 이것 이외에 다른 숨통은 없다. 그나마 이 좁은 복도도 다시 옷으로 가득 채워져 있다. 이 속에 있는 동안은 처음부터 끝까지 바로 코앞에서 옷을 흔들어대는 것 같은 강박관념에 쫓긴다. 좀 심하게 얘기하면 옷더미에 깔린 것 같은 느낌이다. 단 1분도 다른 생각을 하거나 한숨이라도 돌릴 틈을 주지 않는다.
일단 물리적 골격에서 걸어다니기 힘들 정도로 과밀하다. 쉬지 않고 다른 사람과 몸을 부딪친다. 쥐 실험에 의하면 이 정도 과밀이면 아드레날린이 심하게 분비되게 되어 있다. 5층쯤 되는 곳 중간에 갇히기라도 하면 밖으로 도망나오기 위해서 몇 분은 더 옷 속에서 허우적대야 한다. 건물 골격과 콘텐츠가 모두 한 가지로 집중되는 현상 편집증적인 건물이다. 자본의 편집증이니 이것은 곧 물신의 지배와 동의어이다.
옷에의 단순 집중은 실내 환경도 최악으로 만들었다. 창을 모두 벽으로 막아버린 것이다. 이번에도 이유는 너무 간단하다. 옷을 걸 수 있는 벽면을 가능한 한 많이 확보하기 위해서이다. 이런 논리는 고급 백화점에도 엄격하게 적용이 된다. 하물며 저가 의류매장은 말할 필요도 없다. 창이 없다면 결과는 뻔하다. 환기가 될 리 없다. 강제식 공기조화로 돌린다지만 창 열고 환기하는 것과 같을 리 없다. 새 옷들이라지만 그래도 먼지 나는 옷을 파는 곳이라 상황은 더 심각해진다. 미세먼지는 1시간만 노출되어도 건강에 치명적이다. 몇 달에 한 번 하는 것 같은 검사로는 감당할 수 없는 문제라는 얘기다. 이나마도 제대로 시행되지 않지만 말이다.

햇빛도 없다. 그 대신 굉장히 밝은 인공조명이 켜져 있다. 그나마 어둡지 않게 해주었다고 고마워할 일도 아니다. 조명의 종류와 조도는 사람에게 맞추어진 것이 아니다. 옷을 더 폼 나게 보이려는 데 맞추어져 있다. 여기저기에서 지나치게 밝은 국소 조명들이 난무하고 있다. 이런 조명에 장기간 노출되면 눈, 미세신경, 호르몬 체계 등에 나쁠 수 있다. 더 일반화시키자면 햇빛이 차단된 환경에서 오래 생활하면 신체 리듬에 이상이 올 수 있다. 사람 몸은 밤낮의 주기를 따라 작동하게 되어 있다. 이것이 깨지는 것이다. 손님이야 20~30분 돌다가 나와버리면 그만이다. 그러나 여기서 장사하는 사람들은 심각하다. 밤새 여는 가게를 식구들이 교대로 지켜가며 그 속에서 1년 365일 일해야 되는 종사자들은 심각한 문제들을 고스란히 안게 된다.

대형 의류매장은 재래시장의 통로를 사람이 다닐 수 있는 최소한도까지 팍 줄

이대 앞 옷가게 골목(▲)과 대형 의류매장 실내(▶). 둘의 공간 개념과 구조는 같다. 대형 의류매장은 이대 앞 옷골목을 압축해서 시루떡처럼 쌓은 구조이다. 그만큼 과밀이며 공간환경은 열악하다. 모든 것은 옷 한 가지에 집착하는 편집증에 걸려 있다.

인 다음 이것을 수직으로 층층이 쌓은 구성과 똑같다. 이대 앞 옷 골목을 압축해서 그대로 옮겨 놓은 구성이다. 노점상들이 같이 따라 다니면서 최소 통로는 건물 앞에서부터 시작된다. 사람에 채여 온전히 걷기가 힘들다.

버스 정류장까지 더해지면서 난리통이다. 건물에 들어갈 사람이 아니면 아예 자동차 도로로 걸어다닌다. 차로 한 개를 사람이 뺏는 것은 보통이다. 버스 정류장으로 한두 개의 차로가 더 뺏긴다. 상습정체가 일어날 수밖에 없다. 건물 입구에는 작은 공연 무대가 만들어진다. 청소년들의 댄스공연과 경품행사 등이 수시로 벌어진다. 가능한 한 사람을 많이 긁어모으려는 구도이다. 마지막 한 방울까지 짜내고 또 짜내서 쪽쪽 빨아내는 압축기 같은 구도이다.

대형 의류매장은 동대문이나 남대문 같은 재래시장에서 먼저 시작되었다. 요즘은 다른 곳에서도 이들을 닮고 싶어 안달들이다. 최근에는 이런 대형 상업건물이 전국의 대도시들에 급속도로 퍼져나가고 있다. 신촌 기차역 자리, 이대 앞 공원 터는 여지없이 이런 대형 의류매장 차지이다. 지하철 역세권에 들어서는 건물들도 점점 이런 식이 되어간다. 이런 건물들은 요즘 조 · 중 · 동 같은 주요 일간지 광고시장에서 가장 중요한 고객이다. 전개되어가는 양상이 5층을 30층으로 다시 짓는 아파트 재개발과 비슷하다.

배경에는 항상 자본의 논리가 있다. 대형 의류매장은 뻐길 만하다. IMF 때 24시간 훤히 불을 밝히며 높은 현금 회전율로 위기를 극복하는 데 일조했다. 전국의 소형 옷가게는 이곳에서 옷을 사간다. 일본, 중국, 대만, 러시아 등에서까지 사려오니 앉아서 수출을 하는 셈이다. 옷만 파는 것이 아니다. 요식업, 운수업, 원단산업 등 미치는 파급효과도 크다. 넓게 보면 사양 산업이라던 의류산업을 살려낸 역할도 했다.

그러나 이 모든 것을 합쳐도 '사람을 위한 쾌적한 환경'이라는 진부한 상식을 이기지 못한다. 아파트 재개발만이 장기불황에서 벗어나는 유일한 길이라는 협박이 나라 전체를 점점 더 골병들게 만드는 것을 수없이 봐왔지 않은가. 그것으로도 모자라 시장까지 가세하는 것인가.

유교 자본주의의 메카 _ 대치동에서 신림동으로

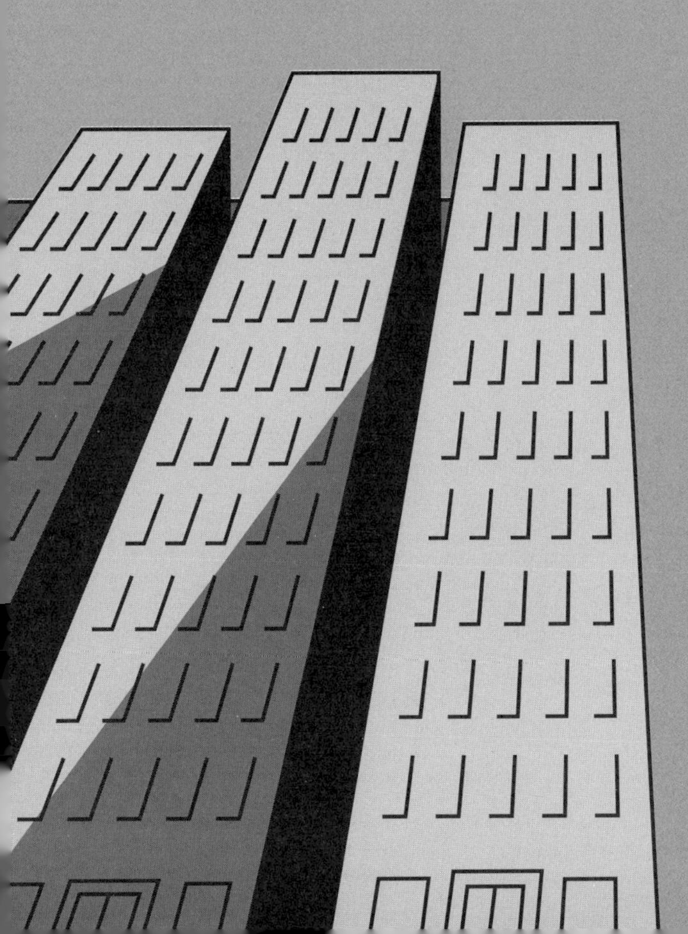

입시학원으로 유명해진 대치동. 반드시 이 때문만은 아니다. 학원으로 유명한 동네라면 다른 곳도 많다. 중고등학교가 몰려 있는 남영동이나 시내 중심가라는 종로, 아니면 교통이 편한 노량진 등이다. 이런 동네에도 옛날에는 지금 대치동 못지않게 큰 학원들이 여러 개 몰려 있었다. 새벽부터 북적였고 밤늦게까지 불야성을 이루었다. 밤에 학원 끝날 시간이면 그 앞 버스 정류장은 학생들로 넘쳐났다.

대치동은 좀 다르다. 대치동이 문제가 되는 것은 이곳이 자본계층의 이기심이라는 문명체제의 기본 문제와 맞닿아 있기 때문이다. 문제는 몇 단계의 복층 구도를 갖는다. 우선 대치동의 학원은 다른 학원들보다 몇 배 높은 명중률을 자랑한다. 그만큼 비싸다. 두세 과목만 과외를 시켜도 웬만한 사람 한 달 월급을 다 잡아먹는다. 학원을 끼고 공생하는 고액 과외들은 더 말할 것도 없다. 높은 명중률과 높은 가격이라는 두 가지 현상을 합치면 '큰돈을 내면 일류대학 들어가기가 쉬워진다'는 얘기가 된다.

여기서 그치지 않는다. 이것이 아파트 시세와 맞물리면서 집단화, 계층화된다. 단순히 학원 인기 때문에 집값이 올라가는 정도가 아니다. 입시라는 온 국민의 공동 약점을 미끼로 조직적인 시세 조작이 자행되기도 한다. 혹은 돈 없는 사람은 아예 발을 못 붙이도록 자기들끼리 특권의 벽을 높게 치는 것일 수도 있다. 옆 동네에 새로 짓는 아파트들이 평당 2000만 원을 넘었으니 이곳 아파트값 올리는 것은 일도 아니게 되었다.

경제 권력으로 교육 권력을 사고 다시 그것으로 대를 이어 특권을 누리려는 가족 이기주의의 총본산이 되어버렸다. 유교 왕정시대 때 법제화된 차별구도에 의해 권력이 세습되었던 것과 똑같은 이치이다. 그것이 자본이라는 신종 매개를 끼고 일어난 차이점만이 있을 뿐이다. 표면적으로는 평등을 내걸고 법적으로는 아무런 범법사항이 없지만 사회적으로 큰 문제가 되고 있는 것은 무슨 이유일까. 이것이 유교 자본주의의 전형이기 때문이다.

유교 자본주의의 메카, 대치동. 겉으로 보면 강남의 다른 아파트 단지들과 별반 다르지 않다. 성냥갑 같은 고층 아파트가 줄지어 서있고 그 사이에 상가건물이 있을 뿐이다. 굳이 다른 점을 찾자면 상가건물이 좀 높다는 것이다. 조금 살펴보면 상가건물에 들어앉은 업소의 종류가 특이한 점을 발견하게 된다.

학원가이니 학원이 많은 건 당연할 수 있다. 생각보다는 학원 수가 많지 않지만 우리나라의 고교 교과과정을 한눈에 알 수 있게 종류별로 다 몰려 있다. 국어, 영어, 수학은 기본이고 사탐, 과탐, 음악, 미술에 암기과목까지 골고루 갖추어져 있다. 부동산 중개업자가 많은 것도 특이하다. 다른 아파트촌에 비해 월등 많다. 학원 숫자보다 많을 정도이다. 그만큼 인구이동이 많다는 얘기이다. 아파트 값 상승의 주범이라는 오명을 잘 보여준다. 이 둘을 합치면 결국 과외 열풍과 부동산 광풍이 함께 일어나는 유교 자본주의의 명확한 증거가 되는 셈이다.

이것만이 아니다. 다른 특이한 가게들도 많다. 가장 눈에 띄는 것은 건강 관련 업종들이다. 한의원과 생식전문점이 유난히 많으며 요가학원, 통증의학 등도 있다. 학원에서 밤늦게까지 시달리다보니 몸보신을 해야 할 일이 많기 때문이다. 이주공사도 있다. 이곳에서 학원 다니다 아니다 싶으면 미국이나 캐나다로 유학가거나 이민가는 사람들을 위한 것이다. 학원이 있으니 참고서 파는 서점이 있는 건 당연하다. 그러나 웰빙 열풍 가운데에서 아직도 애들 간식거리용 가게가 주로 미국 패스트푸드점인 점은 유교 자본주의의 속성을 말해주는 현상이다. 또 한 가지 특이한 점은 이곳은 청소년이 공간의 주인이라는 것이다. 우리나라에서 청소년이 주인인 공간은 방송국 공개홀 빼고는 이곳이 유일하다. 그래서 그런지 자전거가 주요 교통수단이고 휴게공간으로 만화방이 있다.

이상을 종합해서 대치동 사람들의 일상을 짜볼 수 있다. 아이들은 학원에서 이런저런 과목의 과외를 받는 일이 주요 일과이며 체력보강을 위해 한의원에서 보약이나 생식전문점에서 생식을 사 먹인다. 공부를 너무 열심히 해서 통증이 생기면 통증병원에 가서 치료를 받는다. 저녁은 주로 맥도날드나 KFC로 때우며 간식은 베스킨라빈스에서 해결한다. 자전거로 집과 학원을 오가며 머리를 식히기 위해 만화방을 찾는다. 어른들은 부동산 중개업소를 들락거리며 집값을

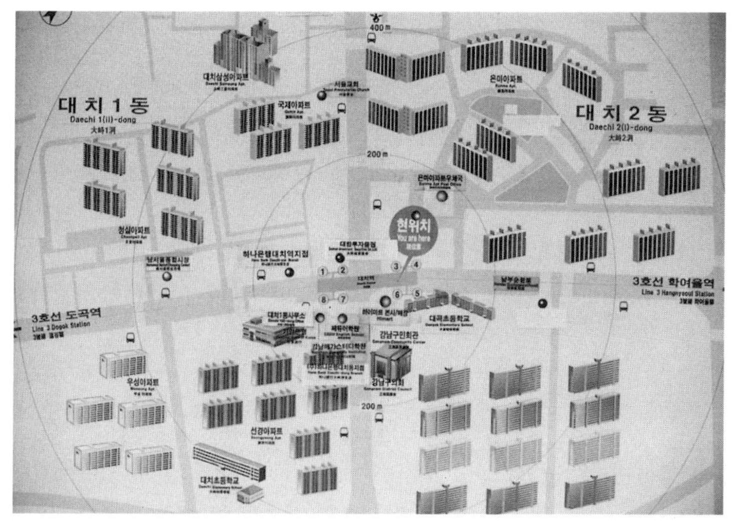

대치역 주변안내도. 성냥갑만으로 동네 하나가 이루어지고 있다. 한 편의 현대 미술을 보는 것 같다. 이럴 수 있다는 것이 신기할 뿐이지만 이것이 지금 우리를 둘러싸고 있는 가장 큰 현실인 것 또한 사실이다.

대치동 학원건물. 모든 업종은 학원을 뒷받침하는 것들로만 이루어지며 공간은 작은 사각형들로 옴짝달싹 못하게 짜인다. 여기에서 사각형은 물론 유교 자본주의를 대표하는 조형단위이지만 이것은 결국 우리 모두의 자화상이기도 하다.

점검하고 여차하면 미주로 이주할 작전을 짠다. 이것이 우리나라에서 아파트값이 가장 비싸다는 동네의 일과이다. 입시학원이 몰려 있다는 이유로 한 나라에서 아파트값이 제일 비싸다는 것도 제대로 된 자본주의 사회에서는 황당한 일이지만 그곳에서 일어나는 일이 이렇다는 것은 더 황당하다.

유교 자본주의를 지탱하는 건축적 조형성으로는 사각형이 강한 지배구도를 이루는 점을 들 수 있다. 3호선 대치역 주변안내도부터 보자. 아파트를 그린 수십개의 성냥갑만으로 한 동네가 이루어진다. 한 편의 현대미술을 보는 것 같다. 그 사이에 학원건물이 몇 개 박혀 있다. 지하철에서 밖으로 나오면 사각형 현실은 더욱 확실해진다. 삼성, 우성, 선경, 은마 등 한때는 명품에 속했던 15층 아파트들이 줄지어 서 있다.

아파트가 대형 사각형이라면 학원건물들은 작은 사각형을 이룬다. 각 층은 가지런한 사각형으로 잘게 나뉘고 각종 학원 및 주변시설들이 빼곡하게 담겨있다. 15층 아파트에서 상가 업소에 이르는 크고 작은 사각형들의 정렬은 물론 부동산 가치를 올리기에 가장 적합한 조형 형식이다. 다른 여유는 필요 없다.

이전부터 눌러 살아온 사람들은 학원 덕에 아파트값 오르면 그 이상 바랄 것이 없다. 학원에 다닐 목적으로 외지에서 온 사람들은 어차피 1~2년 잘 버텨서 일류대학 들어가면 미련 없이 뜰 뜨내기손님일 뿐이다. 그 사이에 아파트값이나 더 올라있으면 횡재한 것이요 안 그래도 일류대학만 들어가면 상관없다. 이런 상태에서 동네에 사각형 이상의 안정적 조형 환경이 만들어질 리 없다.

대치동 학원가는 신림동 고시촌으로 이어진다. 대치동에서 살아남아 일류대학에 들어간 학생들은 고시에 매달린다. 일류대학에 들어가는 것만으로는 부족하다. 유교 자본주의의 진정한 완성은 고시에 합격해서 판검사가 되든지 고위공무원이 되어야 비로소 이루어진다. 이 뒤에는 가족 자본주의라는 유교 자본주의의 쌍둥이가 버티고 있다.

따져보자. 요즘 일류대학에 들어가는 애들은 부유층 자녀가 다수이다. 돈은 이미 부모가 충분히 벌어놓았다. 자식들까지 돈 벌려고 버둥거릴 필요 없다. 돈은 부모한테서 물려받으면 되고 그렇다면 남은 것은 그 돈을 권력화하는 일이다. 고시에 합격해서 권력을 꿰차는 것이 그 지름길이다. 이 길은 가장 쉽고 확실하게 돈 버는 길이 되기도 한다. 시작은 고급 권력을 쟁취하는 걸로 하지만 종착점은 그걸 이용해서 더 큰돈을 챙기는 걸로 끝나는 것이 보통이다. 고위 공무원 중에 위장전입이니 해서 권력형 투기 안 한 사람이 드문 정도이다. 고위 공무원으로 폼은 폼대로 잡고 뒤로는 부모한테 물려받은 돈 확실하게 불리니 이보다 좋은 메커니즘은 없다. 뇌물도 빠질 수 없다. 질이 더 나쁜 경우에는 뇌물로 재산을 증식하기도 한다.

따라서 고시합격은 개인의 성공일 뿐 아니라 가족, 즉 가문을 위한 성역(聖役)이 된다. 가난한 고시생은 옛말이다. 고시촌에서 몇 년씩 버티기 위해서는 집안의 경제력은 필수이다. 집에 돈 없어서 과외 못 받으면 일류대학 못 가듯이 고시도 똑같다. 결국 돈으로 대학 가는 계층이 돈으로 고시까지 사는 것이다. 고

신림동 고시촌. 감옥소 독방보다 조금 큰 원룸. 유교 자본주의에 개인의 소외가 더해지면서 최소공간을 이루고 있다. 이곳에서 20대의 몇 년을 보낸 젊은이가 향후 건전한 세계관으로 나랏일을 운영할 수 있을지 의문이 간다.

시촌이 서울대에서 걸어갈 거리라는 것도 웃기는 일이다. 고시 합격생의 3분의 1이 서울대 출신이니 당연한 현상이다.

고시 합격이 최고 학벌과 동의어라는 것은 이 나라 교육이 권력따기만을 유일한 목표로 갖는다는 사실을 증명한다. 과외 열풍과 부동산 광풍의 유교 자본주의에 고시 망풍(妄風)의 가족 자본주의까지 갖추면 비로소 우리 사회의 지배계층 반열에 올라설 수 있다. '과외-부동산-고시'의 권력지향형 트로이카를 하나로 묶어주는 최고형님은 역시 돈이다. 이런 메커니즘은 자본주의 가운데 가장 저질의 것이지만 이것을 못해서 자살까지 하는 것이 지금 우리의 현실이다. 고시라도 볼라치면 공부깨나 해야 한다. 그러나 고시 준비에 적성이나 감성의 다양성이니 하는 것은 있을 리 만무하다. 획일화된 암기와 치열한 점수따기만 있을 뿐이다. 사회를 위한 봉사니 하는 것도 웃기는 일이다. 한 자리 잘 차지해서 평생의 특권을 보장받겠다는 현실적 계산만이 빡빡한 고시촌 생활을 지탱하는 유일한 희망이다. 있다면 자식에게 고시합격의 노하우를 전수하는 일뿐이다. 고급두뇌 수만 명이 유교 자본주의의 망령에 포로가 되어 자신의 다양한 적성이나 가능성을 사장시킨 채 삭막한 고시준비로 꽃 같은 젊음을 낭비하고 있다. 그렇게 고시에 붙은들 개개인의 평생이 행복할 리 없으려니와 국가 전체로 보면 수많은 우수한 인재들을 엉뚱한 곳에 썩히는 엄청난 손해를 보고 있다.

신림동 고시촌의 건축적 조형성은 대치동을 참 많이도 닮았다. 대치동을 거쳐온 사람이 신림동으로 몰려들고 존재의 이유도 같으니 건축 현상이 같게 나타나는 것은 당연하다. 신림동 고시촌에서도 대치동의 사각형 구도가 그대로 반복된다. 대치동과 달리 큰 사각형은 사라지고 최소 단위의 작은 사각형만이 다닥다닥 붙어서 조형 환경을 지배한다. 사각형이 옥죄는 억압성이 강화된 것이다. 우선 길부터 좁다. 원래 주택가 골목이었기 때문에 그렇겠지만 반대로 보자면 굳이 이런 좁은 골목길에 몰려든 것은 고시준비생 특유의 불안 심리에서 나오는 폐쇄적 집단화일 수 있다.

최소 사각형은 고시원 원룸에서 절정에 달한다. 닭장처럼 늘어선 각 방은 감옥소 독방 크기 정도이다. 최소화 역시 부동산 현상이다. 고시촌 전역이 과밀인데다 이곳 거주자들도 하루라도 빨리 시험에 붙어서 뜨고 싶은 뜨내기손님들이기 때문에 생존에 필요한 최소한의 환경 이외의 여유는 가차 없이 잘라버린다. 공간의 모든 것은 부동산 가치로만 환산된다.

신림동 고시촌 전경. 좁은 골목길 속에 정신적 배설 업소들이 밀집해 있다. 이곳에서 고시 공부하는 일이 치열한 전쟁임을 보여주는 장면이다. 스포츠 마사지와 고시 독서실이 어깨동무를 하며 나란히 붙어 있다.

업종도 특이하다. 대치동에 있던 만화방이 이곳에서도 중요한 휴게기능을 맡고 있다. 공간의 주인이 20대로 넘어갔기 때문에 성인 PC방이 유난히 많아진 점이 차이점이다. 그 외에 스포츠 마사지 같은 성매매 업소도 고시원과 등을 맞대고 있다. 한참 감수성이 예민한 20대에 이런 곳에서 몇 년 썩고 나면 건전한 세계관으로 나랏일을 운영할 수 있을까 의심되지만 이 역시 못해서 안달인 것이 지금 우리의 현실이다.

잘 알다시피 전통 유교체제의 문제점은 교육과 땅이 권력화되었던 데 있다. 교육은 충성스러운 신하를 배출하는 권력매개였고 왕은 자신에게 충성하는 신하에게 땅을 주어 일정한 권력을 보장해주었다. 이것이 자본주의 체제로 바뀐 지금, 과외와 부동산 투기로 방법만 달라졌을 뿐 결국 교육과 땅을 끼고 권력을 쟁취하려는 점에서 우리는 아직도 유교적 한계에서 못 벗어나고 있다.

교육은 민주주의, 자본주의, 근대문명 등 지금 우리가 살고 있는, 따라서 가장 진화했다는 문명 체제에서 평등을 상징하고 지키고 실천하는 마지막 보루이다. 개인의 지적 능력도 하늘이 내리는 데 따라 차이가 있기 때문에 교육은 절대 평등할 수 없다고 따진다면야 할 말이 없다. 그렇지 않다면 교육은 빈부귀천과 상관없이 노력 여하에 따라 개인의 행복과 권리를 보장해주는 공정한 경쟁의 장이 되어야 한다.

근대 민주주의에서는 분명 평등의 당위성이 돈의 논리보다 우선한다. 교육의

혜택이 개인의 타고난 능력이나 노력에 의하지 않고 부모가 가진 돈의 많고 적음에 따라 다르게 배분된다면 그것은 심각한 문제이다. 더욱이 가진 사람들의 집단적 조작에 의해 그렇게 된다면 죄악에 가깝게 된다. 이것이 근대문명에서 교육을 통해 실현하려 했던 평등의 정신이요, 서양 선진국에서는 완벽하지는 않지만 상당히 엄격하게 지켜지고 있는 평등의 정신이다. 이를 모르는 사람은 없을 것이다. 그럼에도 불구하고 그 이면에는 유교 자본주의의 신분세습 욕구가 도사리고 있다.

요즘은 서울대생 가운데 17퍼센트가 강남 부유층 출신이다. 생각보다 많지 않다고 할지 모르지만 그렇지 않다. 강남 인구는 1퍼센트 안팎. 인구 비율로 따지면 17배나 부풀려진 것이다. 여러 환경 차이를 감안한다고 해도 무엇인가 인위적 조작이 개입된 불평등임이 틀림없다. 조작은 돈에 의한 것이다. 80년대까지만 해도 이렇지 않았다. 전국 팔도 곳곳에서 골고루 모였다. 지역만 공평한 것이 아니었다. 잘 사는 집 애 한 명에 못 사는 집 애 아홉의 비율이었다. 온 국민을 상대로 뽑기를 하면 나오는 확률분포와 같았다. 인구분포가 그대로 정직하게 반영된 비율이었다. 유치하지만 추상 같은 평등의 의미이다. 이것이 언제부터인지 슬금슬금 한곳으로 몰리기 시작했다. 그것으로도 부족했던지 돈 가진 사람들이 집단으로 모여들면서 지역 하나를 '명문대로 통하는 보증수표나 지름길'로 만들어버렸다.

대치동 학원가와 신림동 고시촌. 앞으로 우리 사회를 이끌어갈 우수한 재목들이 10대와 20대를 보내는 공간이다. 그러나 이 공간 속에서는 인간의 존재가 시험점수와 합격, 불합격만으로 환산된다. 공간의 가치는 부동산 논리에 의해서만 정의된다. 물리적 골격은 사각형의 엄격한 면적 제일주의만으로 떠받들어진다. 이런 것들이 세상의 전부인 줄 알고 인생의 황금기를 보내는 이들은 어쩌면 가장 불쌍한 희생양일 수 있다.

부모들이, 사회가 만들어 이들을 등 떠밀어 집어넣은 것에 가깝다. 이때의 부모란 가족 자본주의의 이기심에 사로잡힌 욕망의 화신이요, 사회란 유교 자본주의의 망령에 짓눌린 시대의 사생아일 뿐이다. 대치동과 신림동에서 살아남은 사람들이 십 년 뒤에는 사회의 권력층으로 등극하며 우리나라를 이끌어갈 것이다. 그때에는 우리 사회가 어떻게 될지 참으로 걱정이 돼서 견딜 수가 없다. 아니, 벌써 그 징조들이 나타나고 있지 않은가.

가장 수치스러워해야 할 _ 테헤란로

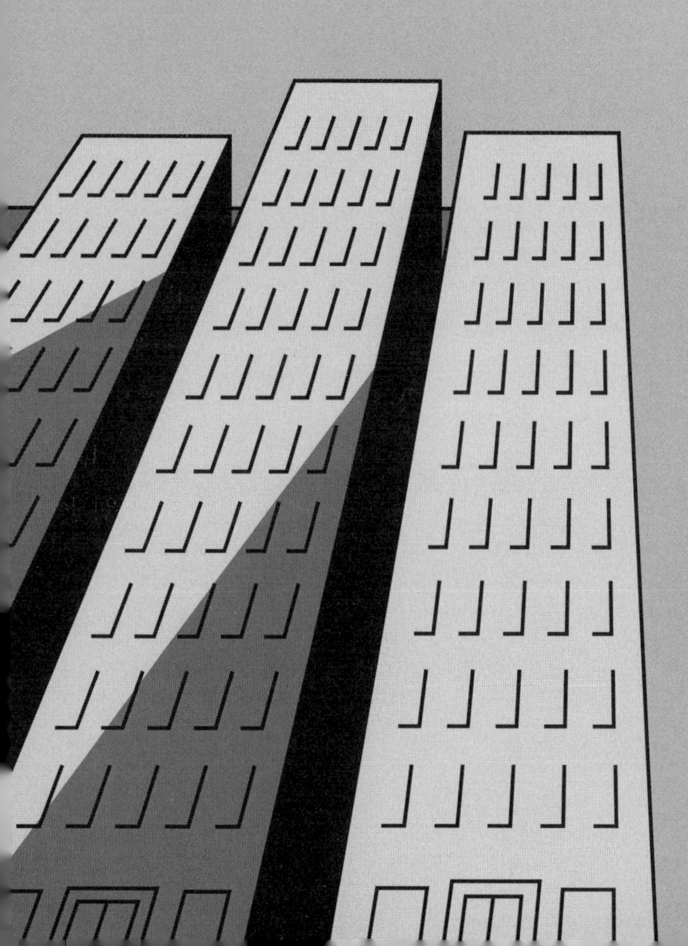

한국의 맨해튼이라 불리는 테헤란로. 압구정동, 대치동 등의 고급 아파트촌과 함께 강남이 부자동네임을 다시 한 번 확실하게 증명해주는 테헤란로. IMF 이후 국내의 부동산에 몰린 외국의 투기자본이 가장 많이 집중된 곳 테헤란로. 95년 이후 최신 경향으로 지어진 고층건물이 가장 많이 몰려 있은 테헤란로. 95년 이후 고층건물이 가장 많이 선 곳 테헤란로. 강남의 도로 가운데에서도 하루 종일 가장 밀린다는 테헤란로. 빌딩의 평당 임대료가 가장 비싼 곳 가운데 하나인 테헤란로. 한국에서 가장 비싼 건물들이 몰려 있은 테헤란로. '한강의 기적' 을 마지막으로 보증해주는 훈장, 테헤란로. 이상이 테헤란로에 따라 다니는 수식어들이다.

정리해 보자. 테헤란로의 특징을 나타내는 말들은 모두 돈과 관계된 것이다. 테헤란로에 있는 것은 무엇이든지 비싸고 크고 많다. 그리고 그 앞에는 항상 '가장' 이라는 최상급 접두어가 따라 붙는다. 근대 도시에서 돈은 곧 높이로 나타난다.

처음에는 일단 높은 건물로 채운다. 그래야만 뭔가 있어 보인다. 소위 말하는 스카이라인이라는 것이다. 하늘을 뒤덮는 스카이라인을 가져야 그 도시가, 나아가 그 나라가 게으름 피우지 않고 열심히 살았음을 증명해준다. 이때에는 콘크리트 공장 열심히 돌리고 제철소에 쇳물 열심히 부어대 철골을 뽑아대는 시기이다. 여유가 좀 생기면 그 다음에는 모양에 신경을 쓴다. 스카이라인이라고 다 같은 게 아니다. 높이를 확보했으면 그 다음에는 멋을 부려야 한다. 서양에서 유행하는 온갖 최신 양식에 눈독을 들이기 시작한다.

테헤란로는 우리나라에서 이 두 단계를 가장 농축적이고 적나라하게, 그리고 가장 많은 물량으로 보여주는 곳이다. 높이와 덩치만 자랑하는 80년대식의 촌스러운 건물과 90년대 이후의 첨단 양식 건물이 뒤섞이며 우리나라 자본주의의 발전 단계를 기록하고 있다. 최근에는 이 가운데 후자의 건물이 두드러지며 테헤란로를 대표하는 수식어들을 만들어내고 있다. 후기 자본주의 현상인 것이다. 분명 이곳에는 후기 자본주의를 대표하는 서양 양식의 고층건물들이 들어서 있으며 이것이 테헤란로를 테헤란로로 만드는 일등공신임에 틀림없다.

후기 자본주의의 건축방식이 이런 식으로 흘러가는 것 자체가 옳은지 그른지는 여기에서 따질 일은 아니다. 양면성이 있는 현상이며 그 내용도 너무 전문적이고 길어지기 때문이다. 문제점만 따져보자. 한마디로 테헤란로는 우리 것이 아니라는 데 문제의 심각성이 있다. 테헤란로에서 멋깨나 부렸다는 건물들은 대부분 외국 자본 소유이다. 그것도 악성 투기자본들이다. 이 건물들 자체, 거기에 들어 있는 외국 회사들, 그리고 이것들을 소유하고 있는 투기자본들이 어떤 속성의 존재들인지는 최근 불거진 탈세 사건들이 단적으로 보여주고 있다.

자본만 이런 것이 아니다. 바늘과 실은 함께 가는 법. 테헤란로에서 조금이라도 멋있고 특이한 건물은 모두 외국 설계사무소의 작품들이다. 그것도 이런 식의 부동산 건물만 전문적으로 설계하는 도면공장 같은 극단적으로 상업화된 설계사무소의 작품들이다. 테헤란로의 화려함은 우리가 꾸민 것이 아니라 남이 꾸며준 것이다. 국내에서 가장 크고 좋다는 설계사무소들은 이들의 하청업체 역할을 한다. 관청을 상대로 로비해주고 공사장에서 인부들 말 잘 듣게 부리는 일 등을 해주는 것이다.

더욱이 문제가 되는 것은 이런 건물들이 우리 눈에는 멋져보일지 모르지만 정작 본바닥 서양에서는 비난의 대상이 되기도 한다는 점이다. 건축적 건강성에 심각한 문제가 있기 때문이다. 이것을 우리는 멋진 최신 외국건물이라며 좋아라 받아들이고 있다. 건물 주인도 외국이요, 건물을 설계한 사람도 외국이요, 건물에서 임대료 챙겨 가져가는 것도 외국이니 우리는 땅만 내주고 남의 잔치

서양에서 가장 최근에 유행하는 첨단 양식으로 지어진 건물들이 줄지어 서 있다.
그러나 이런 건물들은 주인부터 설계한 사람까지 모두가 외국인이다.

에 멍석만 깔아준 셈이다. 그리고 밑에서 과자부스러기 얻어먹고 사는 셈이다. 이것을 과연 온전한 우리의 스카이라인이라고 할 수 있을 것인가.

건물 양식을 보자. 포스트모더니즘은 이제 그야말로 20세기의 유물이 되어버렸다. 하나 같이 하이테크나 네오 모더니즘 같은 최신 유행 디자인들이다. 그러나 이런 양식들은 이를테면 세계화나 소비 자본주의에 해당되는 건축 양식으로 서양 내에서도 자기들끼리 문화적 예술적 건강성을 가지고 논쟁이 분분한 양식이다.

이것이 미국 내에 머물 때는 소비 자본주의 아래에서 불필요한 소비를 야기하는 문제에 국한된다. 그러나 미국을 벗어나 다른 나라로 수출될 때에는 세계화의 문제로 커진다. 세계화를 전파하는 건축분야에서의 선발대가 되는 것이다. 자본과 설계사무소가 환상의 파트너를 이루어 투기자본을 세계적으로 침투시키는 침투조가 되는 것이다. 우리나라만 이런 것이 아니다. 실제로 이런 설계사무소들은 미국의 투기자본과 공공연한 협력업체를 이루어 제3세계를 휘젓고 다니며 자본의 투입 경로를 닦아주는 역할을 하고 있다.

이 이상의 환상적인 협력관계는 없다. 투기자본의 입장에서는 주식시장 침투만으로는 부족하기 때문에 본때 있는 고층건물 하나쯤 '빽' 하고 내보여야 한다. 고층건물을 끼고 벌이는 장사는 주식투자보다 안전하며 또 다른 쏠쏠한 재미가 있다. 이 일을 그럴싸하게 포장해줄 설계사무소가 필요하다. 설계사무소의 입장이 또 얼마나 행복할지는 말을 안 해도 너무나 자명하다. 전 세계 이곳저곳에 비슷한 건물 수십 채를 짓다 보니 설계단가는 대폭 낮아진다. 그러면서도 설계료는 다 챙기니 마진율이 아주 높은 장사를 하는 것이다. 이 설계료를 내는 것은 표면적으로는 투기자본이지만 내막적으로는 건물이 지어지는 제3세계 국민들이다. 궁극적으로는 탈세와 투자금 환수 등의 방법으로 전부 빼가게 되어 있기 때문이다.

서양, 좁게는 미국의 도시들조차도 이미 20세기 초반 모더니즘 시기부터 고층건물에 자국만의 전통 양식을 사용하기 시작했다. 서양 각국은 자국만의 민족주의 양식을, 그것도 여러 개 가지고 있다. 이런 양식은 세계보편적 산업 양식의 건물과 나란히 어깨를 겨루며 21세기 후기 자본주의 건축의 한 축을 이루고 있다. 엄밀히 따지자면 테헤란로에 지어지는 최신 유행의 양식들도 말이 좋아 세계주의 양식이니 지구보편적 산업 양식이니 하지, 실제로는 서양의 지역주의 양식에 가까운 측면이 많다. 결국 서양은 현대 산업기계문명의 주인임을 건축 양식으로 여실히 증명해 보이고 있는 것이다.
그렇다면 우리는 무엇인가. 세계주의 양식의 창출에 참여하지 못한 채 이 양식을 외국 자본과 외국 설계사무소의 손을 빌려 우리 땅에 짓고 있는 상황이다. 여기에 더해 우리만의 전통 양식이나 지역주의 양식은 꿈도 못 꾸는 형편이다. 더욱이 개인주택이나 박물관도 아닌 고층건물에서는 더욱 그러하다. 테헤란로는 이런 어려운 상황을 대표하는 곳이다. 우리가 자랑스럽게 생각하고 있는 테

강남역을 중심으로 한 테헤란로와 강남대로 일대는 우리나라에서 영어간판이 제일 많은 동네이다. 국내 가게들까지 들어보지도 못한 요상 야릇한 영어간판으로 중무장해야 장사가 된다고 생각한다.

헤란로는 실제로는 가장 수치스럽게 생각해야 하는 대상인 것이다.

테헤란로는 자본의 침투가 햄버거와 코카콜라에서 건물과 건축 양식에 이르기까지 얼마나 폭넓게 여러 분야에서 협력하며 진행될 수 있는가를 교과서적으로 잘 보여주는 종합선물세트이다. 이런 해석은 테헤란로를 한 꺼풀만 벗겨내면 확실해진다. 강남역을 중심으로 한 테헤란로와 강남대로 지역은 우리나라에서 영어학원과 영어간판이 가장 많은 곳이다. 이곳에 오면 미국만이 우리의 구세주이며 유일한 희망이라는 절규가 애절하게 울려 퍼진다. 미국의 패스트푸드점이 몰려 있는 것은 이제 너무 진부한 풍경이다. 여기에 더해 크고 작은 한국 가게들도 처음 들어본 요상 야릇한 영어간판으로 중무장하고 있다.

이면 골목의 상황은 더 심각하다. 간선도로변은 화려하다고 치자. 이것은 도시를 구성하는 여러 꺼풀 가운데 가장 겉꺼풀일 뿐이다. 정작 도시생활의 전모가 적나라하게 드러나는 곳은 이면의 속꺼풀이다. 투명하고 영롱하게 빛나는 화려한 고층건물 뒷골목으로 한 꺼풀만 들어가서 가게 업종의 종류를 살펴보자. 갈빗집, 호프집, PC방, 노래방, 단란주점, 성인 PC방, 룸살롱, 성인휴게실, 성인마사지, 모텔, 실내경마장 등이다. 공간구조도 어디 한 곳 숨 쉴 곳 없는 과밀의 전형이다.

이상을 종합하여 테헤란공화국 시민들의 일과를 추측해 보자. 낮에는 외국자본이 주인이고 외국 설계사무소가 디자인한 세계화된 건물에서 외국자본을 위해 열심히 일하다 미국 패스트푸드점에서 점심 먹고 퇴근 후에는 술 마시고 노래하고 매춘업소에서 '보람찬 하루'를 끝내게 된다.

이런 생활은 한국에서는 흔히 인간적인 것으로 평가된다. 미국의 대도시에서 나타나는 공동화 현상을 막는다는 이점은 있을 수 있다. 밤늦게까지 밝은 불빛이 켜져 있고 술잔과 육담이 오가니 이 얼마나 인간적인가. 후기 산업사회의 삭막한 자본의 논리 속에서도 한국인 특유의 끈적끈적한 스킨십이 유지되니 장하

테헤란로의 밝음과 그늘. 반짝이는 유리 고층건물을 한 꺼풀만 벗겨내면 먹고 마시고 섹스하는 환락업소촌이 뒤를 받치고 있다.

테헤란도 뒷골목. 쉴 곳도 문화공간도 없다. 겉면의 화려한 고층건물들이 우리 것이 아니라는 자괴감의 배설구일 뿐이다.

도다, 잘 지켜냈도다.

그러나 과연 그런가. 이것이 무엇이더란 말인가. 이렇게 사는 사람들은 어느 나라 사람인가. 우리 주변에서 가장 흔하게 볼 수 있는 직장인들이다. 요즘 같은 불황과 실업의 늪에서 여기에서 일하는 사람들은 주변에 자랑할 만한 성공한 사람들에 속한다. 그러나 정작 이렇게 사는 사람들의 문화지표는 몇 점이고 가치관은 무엇이며 세계관과 꿈과 희망과 인생의 목표는 무엇인가.

이런 현상은 우리 사회에 축적되고 있는 부의 성격을 단적으로 드러내준다. 외국 자본에 종속되어 휘둘리고 외국 자본이 침투하는 경로를 정석으로 안내해주며 거기에서 오는 자괴감을 술과 룸살롱에서 푸는 형편이다. 이것이 현재 한국 후기 자본주의의 현황이다.

좀 더 원론적으로 얘기하자면 이런 문제들은 모두 우리 스스로 주인이 되지 못한 데에서 온다. 경제적으로 보았을 때 우리의 후기 자본주의는 우리 스스로 부를 쌓아서 만들어진 측면이 약하다. 성기(盛期) 자본주의는 차관과 미국-일본의 영향 아래 일구었으며 후기 자본주의는 그 뒤를 이어 밀고 들어온 투기자본에 의해 조작되었다. 국내의 큰 자본들은 개인이건 집단이건을 막론하고 투기, 뇌물, 뒷돈, 리베이트, 강탈, 부정축재 등에 의해 형성되었다.

어둡게 형성된 부는 건강한 경제 메커니즘을 거부하고 권력을 지향한다. 테헤란로는 경제 권력이라는 새로운 권력의 중심지가 되어가고 있다. 웬만한 국내

대기업은 테헤란로에 건물 하나씩 가지고 있다. 여기에 외국 자본까지 가세하여 복잡한 권력구도를 이룬다. 최근에 여러 외국계 자본들이 온갖 탈세를 자행한 데 대해 국세청이 징세에 나섰지만 완강한 저항에 부딪힌 데에서 알 수 있듯이 이런 경제 권력은 국가의 정상적 통제를 벗어난 지 오래이다. 우리나라 땅 안에 있지만 외국 본국의 자본 논리라는 완전히 다른 권력체계에 의해 작동하는 또 다른 나라이다.

긴 도로를 따라 고층건물이 좌우로 도열해 있는 건축 구도는 이런 권력성을 상징하는 모습이다. 지금까지 서울에 형성되었던 여러 권력의 중심지들을 보자.

테헤란로의 또 다른 대표적 이미지. 고층건물군은 위정자, 재벌, 건축가 등 여러 계층들에게 다양한 권력을 선사하지만 조형적 건강도 및 그에 수반되는 사회적 건강도라는 관점에서 보면 수치스러운 현상이다.

세종로는 정부종합청사로 대표되는 행정 권력의 중심지이다. 소공동은 은행본점들이 몰려 있는 제1금융 권력의 중심지이다. 광화문은 신문사들이 몰려 있는 언론 권력의 중심지이다. 여의도 국회의사당 앞은 의회 권력의 중심지이며, 여의도 증권가는 제2금융 권력의 중심지이다. 이런 곳들은 모두 하나의 지역이 하나의 권력구도를 이룬 경우이다. 공통점들이 있다. 하나 같이 쭉 뻗은 넓은 도로를 끼고 그 끝에 거대 건물이 버티고 있던지 도로 양옆으로 고층건물들이 도열해 있는 구도이다.

한국 사회에서 가장 큰 권력 가운데 하나였으면서도 그동안 자신들만의 이런 물리적 지역을 갖지 못했던 집단이 있었으니 바로 재벌이다. 재벌들의 본거지는 이곳저곳에 분산되어 있었다. 이들이 마지막으로 개발된 테헤란로에 하나로 뭉쳤다. 혼자서는 벅찼던지, 아니면 시기가 그럴 수밖에 없었던지 외국 투기자본과 한데 엉키며 뒤범벅이 되어서 말이다.

정리해 보자. 테헤란로를 구성하는 요소들에는 제대로 된 건강한 우리 것이 없다. 일차적으로는 남의 것이며 우리 것이라면 건강하지 못한 것들만 있다. 테헤란로가 화려해질수록 반성하고 극복해야 할 시대적 숙제는 그만큼 커지는 것을 왜 모르는가.

온 국민이 좋아하는 상업 고전주의 _ 코린트식 양식

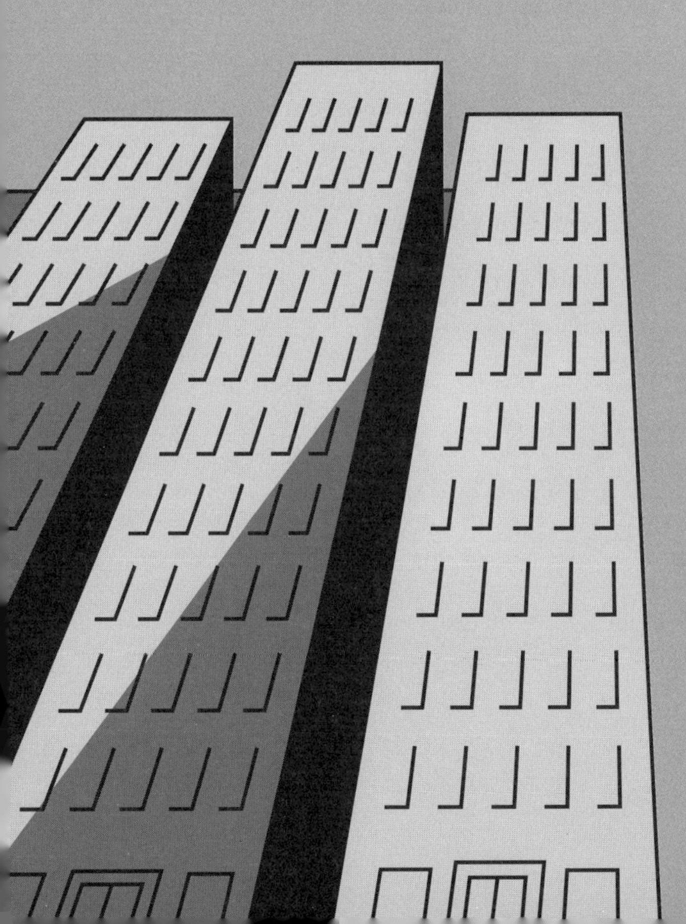

건축적으로 보았을 때 요즘 한국 사회의 상류층과 중산층을 하나로 이어주는 공동 매개는 묘하게도 서양 고전주의이다. 이런 바람직하지 않은 동질감은 상업건물에 가장 잘 나타난다. 상류층이 드나드는 상업건물에는 그들대로 선호하는 서양 고전주의가 있고 중산층의 경우는 또 그들대로 그러하다.

예를 들어보자. 상류층이 모여 사는 압구정동의 갤러리아 명품관과 중산층이 애용하는 수유리의 빅토리아 예식장은 모두 서양 고전주의로 디자인되어 있다. 비슷한 예들은 얼마든지 있다. 청담동의 디자이너 옷가게들이나 압구정동 현대백화점도 서양 고전주의 건물이다. 현대백화점 내에서도 외국 명품을 파는 코너는 실내장식까지 그렇다. 고급 호텔 가운데에도 이런 경우가 꽤 여럿 있다.

반드시 상업건물일 필요도 없다. 강남이나 서교동 등 시내 곳곳에는 고급 오피스 빌딩이 중후한 서양 고전주의 양식으로 지어져 있다. 중산층의 경우에는 예식장이 특히 두드러지지만 잘 살펴보면 호프집, 근린생활시설, 러브호텔 등 다른 예들도 많이 있다.

이런 현상 뒤에는 상업행위에 대한 권위를 전통 양식에서 찾되 우리 것으로는 안 되고 서양 것이어야 된다는 잘못된 사회 인식이 자리잡고 있다. 상업행위에 대한 권위를 전통 양식에서 찾는 현상에 대해서는 찬반의 양론이 있을 수 있다. 포스트모더니즘 시대나 후기 자본주의 시대에서는 그럴 수 있다는 것이 중론이기도 하다. 문제는 그것이 서양 고전주의라는 데 있다. 상류층은 그들대로 서양 고전주의의 권위를 빌리고 싶어하는 사정이 있고 중산층은 또 그들대로 사정이 있다. 그 사정은 바람직하지 않은 사회상을 반영한다. 두 계층의 사이에는 공통점과 차이점이 있다. 서양 고전주의로부터 권위를 빌려 그것을 성공의 발판으로 삼겠다는 비뚤어진 욕망이 공통점이다. 욕망의 내용에서는 각자가 처한 상황에 따른 차이점이 관찰된다.
차이점을 먼저 보자. 상류층의 고전주의는 디테일이 적게 쓰인 단순한 경향을 보인다. 돌출 정도는 깊지만 끝은 둥글리는 것이 보통이다. 이런 경향을 건축적으로 해석하자면, '음영을 깊게 내어 권위는 갖추되 각진 날카로움을 피하고 부드러운 이미지로 나타나며 미니멀리즘풍의 현대식 세련됨을 함께 갖추겠다'

◀갤러리아 명품관. 백화점 명품관은 예외 없이 서양 고전주의로 디자인된다. 현재까지 명품에 대응되는 품위를 지닌 건축 양식은 서양 고전주의밖에 없다는 것이 우리나라 사람들의 생각이다.

▼현대백화점. 백화점 명품관에 고전주의를 대응시키는 경향은 서양에서도 있었다. 그 뿌리를 거슬러 올라가자면 19세기에 서양에 처음 등장한 '갤러리'라는 고급 쇼핑몰이었다. 우리나라에서는 일제강점기 때 서양 고전주의로 지어진 화신백화점과 신세계백화점이 그 효시라 할 수 있고 이 전통은 굳건히 자리잡아 지금까지 이어져 내려오고 있다. 현대백화점은 한 가지 모델을 여러 점포에서 반복해서 쓰고 있다.

는 의도이다. 이것은 서양 고전주의로부터 지배구도를 굳히는 정치적 권력적 권위를 빌리겠다는 의도이다. 우리나라 상류층의 가식구도가 그대로 읽힌다.

중산층의 고전주의는 디테일을 좀 더 직접적으로 차용하는 차이를 보인다. 장식이나 부재별 사용에 집착한다. 이것을 통해 자신들도 서양과 똑같이 닮을 수 있음을 과시하고 싶어한다. 이것 역시 중산층이 처한 사회 상황과 일맥상통한다. 이들은 아직 서양을 그대로 열심히 좇는 일이 성공의 지름길이라는 인식에서 못 벗어나고 있다. 이렇게 서양을 있는 그대로 모방해서 성공하고 나면 그 다음에는 상류층의 '중후한 미니멀리즘풍' 의 고전주의로 옮아갈 것이다.

이런 차이와 상관없이 두 경향 모두 디자인의 정확도에 문제가 있다. 서양 고전주의는 보기보다 설계하기 쉽지 않은 양식이다. 시공까지 생각하면 더 그렇다. 꼭 어렵다기보다는 돌 깎는 기술의 종류나 건물에 대한 기본 인식이 다르다고 보면 된다. 개별 어휘 구사에서도 그러하고 총체적 양식 단위까지 생각하면 더욱 그러하다. 본바닥보다도 더 많은 수의 서양 고전주의 건물들이 지어지고 있지만 정확한 어휘와 양식을 구사한 예는 거의 없다고 보면 된다. 그럼에도 꾸준히 서양 고전주의 건물이 지어지고 있는 것은 건축이나 조형성을 벗어난 다른 차원에서 무엇인가 절실한 사정이 있었다는 얘기이다. 그것은 말할 필요도 없이 서양 전통의 권위를 빌리고 싶어하는 절박함이다.

구체적 예를 들어보자. 박정희 때 민족주의 바람을 타고 부산, 경주, 제주 등의 특급 호텔에 한국식 지붕을 얹은 디자인이 잠시 유행한 적이 있었다. 서울의 신라호텔도 대문과 영빈관은 이 디자인으로 되어 있다. 그러나 이것도 잠시, 촌스럽다는 평과 중국풍이라는 평 등이 뒤따르며 전통 양식을 쓸 때에는 서양 고전주의가 주류를 이루게 되었다.

이런 현상은 여러 가지로 해석될 수 있다. 우리의 전통은 재래적인 것이라 촌스럽다는 인식이 아직 남아 있음을 알 수 있다. 요즘 우리 문화에 대한 관심이 늘고는 있지만 그것은 화석화된 문화재에 국한되며 지금 이 시점의 실생활에까지 파급되지는 않았음을 알 수 있다. 중국풍이라서 싫다는 것은 80~90년대 미국의 영향력이 반영된 결과이거나 유럽 여행 붐이 일면서 서양 고전주의에 대한 관심인 늘어난 결과이다. 이탈리아의 신전이나 프랑스의 궁전을 직접 가보고 감탄한 사람들이 결국은 국내에서 특급 호텔을 이용하는 고객으로 겹치기 때문이다. 요즘 반미 감정이 커지고 중국의 영향력이 증가하고 있으니 앞으로는 중국 전통 양식을 모방한 디자인이 유행하지나 않을까 점쳐본다.

대학교 건물들은 상류-중산의 구별과는 별도로 서양 고전주의 건물의 또 다른 중요한 산실이다. 일단 연세대, 고려대, 이화여대, 이렇게 3대 사립대학이 모두 선두주자이다. 연세대와 이화여대는 서양 선교사들이 세웠으니까 그렇다고 쳐도 여기에 민족사학이라는 고려대까지 가세한 것은 이해하기 힘들다. 이 세 대학들은 요즘 지어지는 건물들도 모두 서양 고전주의 양식이다.

최근에는 다른 대학들도 가세했다. 숙명여대는 이들 세 대학보다 더 중후한 정

로마의 트레비 분수를 모방한 잠실 롯데백화점 입구. 상업고전주의의 선두주자는 단연 백화점이다. 그러나 정작 그 앞에서 벌어지는 일은 저가용 좌판이다.

예식장이 이렇게 지어지는 이유는 물론 우리의 결혼제도가 서양식으로 바뀌었기 때문이다. 그 이면에는 상류층의 건축 양식을 닮고 싶어하는 중산층의 심리가 숨어 있으며 다시 이것을 이용하는 상업주의가 도사리고 있다.

유럽이나 미국 같지만 강남의 한 오피스 빌딩이다. 서양 고전주의는 도깨비 방망이처럼 아무 곳에나 적응이 잘 된다. 콘텐츠와 상관없이 형식성이 강하다는 의미이다. 정확하게 지어지기만 하면 콘텐츠에 일정 수준 이상의 품위를 제공하는 것 같은 착각을 불러일으킨다.

통 서양 고전주의를 표방했다. 세 대학의 서양 고전주의가 단일 건물에 머문 반면 숙명여대에서는 안마당까지 갖춘 프랑스 궁전을 종합 세트로 흉내 내며 기염을 토했다. 이것을 통해 세 사립대학을 추월하고 싶은 것은 아니었는지 모르겠다.

경희대도 빠질 수 없다. 참으로 부정확하고 천박하기 그지없는 서양 고전주의 양식이 종류별로 쓰이면서 본관, 도서관, 강당 등 주요 시설들을 차례로 담당하고 있다. 내 눈에는 일부러 사람 놀리려 한 짓으로밖에 안 보이지만 이런 경희 캠퍼스는 경치가 가장 좋다하여 드라마 배경으로 자주 등장하며 일부 여대생들이 선호하는 데이트 코스가 되는 있는 형편이다. 한양대는 팔라디오 양식이니 하며 도서관을 이렇게 지

백화점에 이어 서구 고전주의를 좋아하는 기능 유형은 은행건물이다. 한국은행 본점이 그렇게 시작되었기 때문이기도 하고 유난히 보수적인 금융계의 분위기가 그렇게 만든 것이기도 하다.

었다. 이외에도 일일이 열거하기 힘든 예들이 많이 있다.

지방대학들에서도 무수한 예들을 찾을 수 있다. 서양 고전주의를 직접 닮고 싶은 건지, 아니면 여기에서 한 다리 건넌 서울의 유명 사립대학을 닮고 싶은 건지는 모르겠다. 한 가지 확실한 것은 이런 닮기를 통해 지방대학의 열세를 만회하고 싶어한다는 것이다. 혹은 이사장이나 총장 등 오너나 경영진들이 야심이 크다는 공통점도 찾을 수 있다.

서양 고전주의로 지어진 대학건물들은 산중턱을 타고 앉은 공통점을 보인다. 오너는 출근길에 검은 승용차 속에서 이런 장면을 올려다보며 스스로 뿌듯해하고 자랑스러워 할 것이다. 그리고 자기 학교의 학생들이 이런 장면을 보며 호연지기의 꿈을 키워 지방대학의 열세를 극복하고 중앙 무대에서 큰 인물로 성장하기를 빌어 마지않을 것이다. 그 뜻은 순수하다고 볼 수 있지만 형식도 중요하다. 순수한 뜻이 구현되는 형식이 이런 식인 것은 분명 가슴 아픈 일이다.

우리나라 사립대학의 야심이 서양 고전주의를 빌려 표출되는 것이 바람직한지를 심각하게 따져볼 문제이다. 한참 감수성이 예민한 시기인 대학 4년 동안 이런 건물들을 보고 자란 젊은이들이 사회에 나가서 서양 문명을 맹목적으로 좇게 되는 것은 '콩 심은 데 콩 나는' 이치이다.

이처럼 서양 고전주의로부터 권위를 빌리려는 사대주의적 경향은 계층과 분야를 막론하고 우리 사회에 넓게 퍼져 있다. 이런 현상도 족보가 있다. 시작은 일

서구 고전주의가 침투하는 또 다른 경로는 대중 소비산업이다. 미국식 대중주의 양식에 사용된 고전주의가 한국에 들어오면 고급양식으로 둔갑하고 다른 소비업체들은 다시 이것을 모방한다. 서양 고전주의는 자생적으로 새끼까지 까며 한국에 굳게 뿌리내린다.

제강점기 때였다. 조선총독부, 한국은행, 신세계 본점, 각종 사립교육기관, 교회 등이 모두 서양 고전주의로 지어졌다. 이들을 건물 종류로 환원해 보면 정부관청, 금융기관, 상업건물, 교육기관, 종교건물이 된다. 우리 사회를 구성하는 핵심 기능인 동시에 지배 권력을 이루는 요체들이다. 이런 건물들은 조선시대 유교왕궁을 순식간에 대체하며 서울의 심장부는 물론이고 전국의 도시를 급속도로 점령했다. 이런 건물들은 일제의 식민통치를 뒷받침하는 물리적 틀을 제공했다.

일제가 물러가면서 숨 돌릴 틈도 없이 미국이 밀고 들어왔다. 인종과 언어와 체제는 바뀌었지만 건물이라는 물리적 틀은 잘 들어맞았다. 이것은 이를테면 미군정이 친일파를 선호하여 해방한국의 새로운 지배계층으로 낙점한 것에 해당되는 건축적 현상으로 이해될 수 있다. 지배 외세가 동양에서 서양으로 넘어갔는데도 옛날 건물이 이렇게 잘 들어맞으며 긴요하게 쓰일 수 있다니 신기할 따름이었다. 싹 헐고 새로 짓지 않게 되었으니 다행이라고 보기에는 너무나도 큰 민족적 비극이었다.

지금 우리는 아직도 여기에서 못 벗어나고 그 끝자락에 서서 허우적거리고 있는 것이다. 최근 탈세혐의로 물러난 헌법재판소재판관이 소유하고 있던 빌딩도 서양 고전주의 양식으로 지어진 것이었다. 상류층에서 시작된 서양 고전주의 차용은 중산층에까지 흘러내려갔다. 윗물이 맑아야 하는 법이거늘, 누구를 탓하리요, 이것도 모두 지금 우리의 자화상인 것을.

한국 근대사의 자주권 문제
_ 파고다공원과 파고다학원

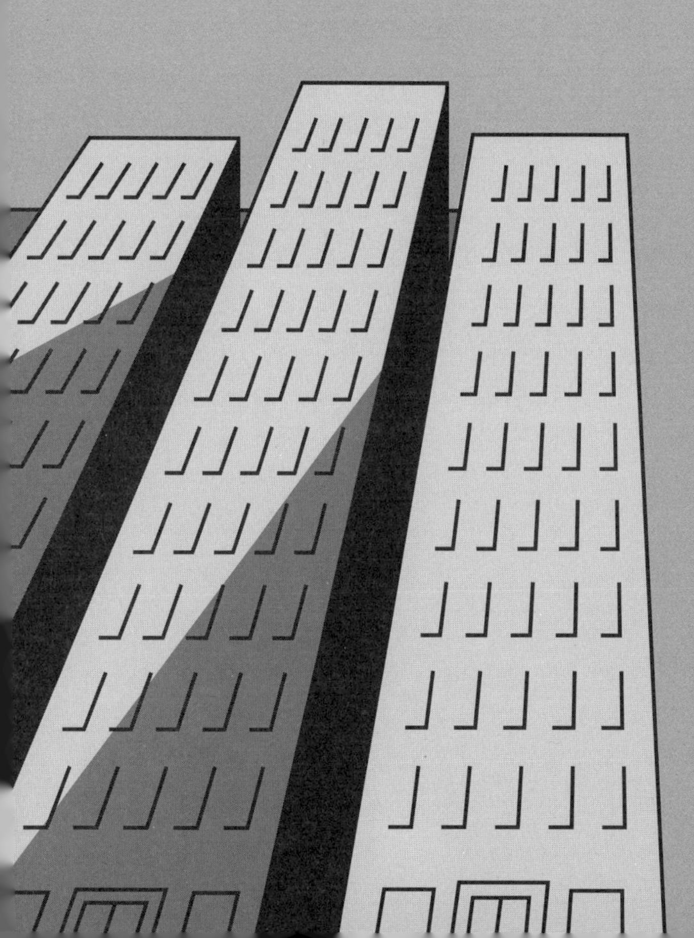

파고다공원이라 불리던 탑골공원, 그리고 그 앞의 파고다학원으로 대표되는 종로 3가 영어학원가. 둘 모두 상징성이 강한 공간이다. 두 공간이 '파고다' 라는 이름을 공유하며 길 하나를 사이에 두고 나란히 마주보고 있다.
그러나 두 공간은 하나로 섞이지 못하고 따로 논다. 굳이 싸운다고 볼 것까지는 없지만 두 공간을 드나드는 세대는 현재 사회적으로 대립되는 상황에 놓여 있다. 대립성의 이면에는 외세 의존이라는 한국 현대사의 어려운 구석이 도사리고 있다. 어려운 구석 때문에 대립하게 된 것으로 볼 수도 있다.

탑골공원은 원각사 터에 1897년에 세운 서울 최초의 근대식 공원으로부터 시작하였다. 탑골공원은 다 알다시피 3 · 1운동이 시작된 곳이다. 근대 한국이 태동한 독립의 모태라 할 만하다. 그러나 지금 상태는 창피한 수준이다. 독립운동을 상징하는 형식적인 기념물 몇 점이 초라한 상태로 놓여 있을 뿐이다. 독립선언문을 낭독하고 만세를 불렀던 팔각정은 술 취한 사람들이 누워 쉬는 곳이 되어버렸다. 몇 안 되는 독립기념 시설들은 질과 양 모두에서 부족하다. 건립 시기도 매우 늦다. 모든 것이 마지못해 한 숙제 같은 느낌이다.

주변 상황도 열악하기는 마찬가지이다. 담으로 둘러쳐져 쉽게 접근하지 못하는 폐쇄적 공간이 되었다. 관철동, 인사동, 종로 3가, 낙원동 등 젊은이들의 환락 번화가에 둘러싸여 도심 속 외딴 섬이 되어버렸다.

이곳에 대한 정부의 인식은 너무하다 싶을 정도로 안일하다. 정부가 관심다운 관심을 가지기 시작한 것은 1979년이 되어서였다. 3 · 1운동부터 계산하면 60년, 광복부터 계산해도 34년이 지난 뒤였다. 늦어도 너무 늦었다. 그동안 내팽개쳐 두다가 환갑이 다 된 후에야 마지못해 관심을 기울인 것이니 이것을 어떻게 이해해야 할까. 그것도 한 나라의 독립운동의 중심지를 말이다.

그나마 한 일도 별반 시원한 게 없다. 공원을 넓혀 정비한다고 했지만 울타리 치고 외딴섬으로 만든 것에 불과하다. 아파트 지어 돈 파먹는 데 혈안이 되어 맨산은 잘도 파헤치는 민족이 자신들 독립운동의 중심지는 손바닥만 한 크기에서 한 뼘도 못 넓히고 있다.

그 후 80년대 초부터 정부가 바뀔 때마다 주기적으로 조성 사업을 벌였지만 전

손병희 선생의 동상이 마주하고 있는 것은 거대한 영어학원 빌딩이다. 살아서는 일제에 항거하셨고 죽어서는 동상이 되어 영어에 항거하고 있다. 다행히 아직 선생의 기풍이 다하지 않아 보이는 것만이 유일한 위안으로 느껴진다.

혀 나아진 것이 없다. 국민들 눈치 보며 구색 맞추기에 급급한 것으로밖에 보이지 않는다. 행정적 판단은 더 가관이다. 사적 지적은 1991년에 가서야 겨우 이루어졌다(사적 354호, 분류 독립유적지). 서울 시내 한복판에 늘 있어왔던 것인데 마치 땅속에 한참 묻혀 있던 것을 뒤늦게 고고학 발굴이나 한 것처럼 되어버렸다. 2001년부터 1년 동안 재정비사업을 다시 했다지만 이번에도 별로 나아진 것은 없다.

서울 시내에 이런 정신적 중심지가 있다는 것은 소중하기 이를 데 없는 기회이다. 탑골공원은 장소가 갖는 역사성과 현장감을 고스란히 갖추고 있다. 남의 나라는 이런 곳을 못 가져서 안달이다. 그러나 탑골공원이 이렇게 자랑스러운 곳이라는 사실을 알고 있는 사람들은 점점 줄어들고 있다. 아니, 서울 시내에 탑골공원이 있다는 사실 자체가 퀴즈프로에나 나올 정도로 희귀한 지식이 되어버렸다.

어디 이곳뿐이랴. 남산에 김구 선생 기념관이 있다는 사실이나 효창공원에 김구 선생과 임정요인 묘소가 있다는 사실 등을 아는 사람들은 또 얼마나 될까. 독도 문제다, 노 교수 망언이다, 위안부 문제다, 배상금 착복 문제다 해서 모두들 애국자가 된 것처럼 흥분들 하지만 정작 어려운 때에 목숨 버려가며 독립운동을 했던 기록의 흔적이 어디에 있는지에 대해서는 모두 무관심하다. 이것은 이를테면 필라델피아에 있는 미국의 독립기념관(Independence Hall)과 같은 곳이다. 이런 곳은 억지로 지어내서라도 만들 판인데 이런 곳을 가진 행운을 이

독립선언문을 읽으며 민족을 일깨웠던 노인의 동상 앞에 지금 우리의 노인들이 초라하게 앉아 있다. 지금 우리 사회에서 노인은 어른으로서의 기풍은 사라지고 사회에 부담이나 주고 쓸쓸한 말년을 소일하면서 해바라기하는 것이 하루 일과가 되어버렸다.

렇게 팽개쳐도 되는 것인가.
친일파와 그 후예들이 나라를 접수한 대가를 톡톡히 치른 격이다. 누구를 탓하랴. 더 근본적으로는 우리 스스로가 독립운동사 자체에 관심이 없다는 얘기이다. 주말이라도 되면 사람들은 고속도로를 가득 메우며 놀러가기에 바쁠 뿐 이런 독립운동의 흔적을 찾는 경우는 참으로 드물다. 이처럼 탑골공원은 일본이 한국 근대사에 깊게 남긴 상흔을 우리 스스로 극복하지 못한 자기 고백서이다.

가장 소중한 정신적 중심지가 되어야 할 공간을 지켜내지 못한 우리의 어리석음은 꼬리를 이으며 또 다른 문제를 야기한다. 탑골공원에 비친 우울한 노인문제와 파고다학원에서 관찰되는 젊은이들의 외세 의존현상이 그것이다.
탑골공원은 언제부터인지 소일거리를 찾는 노인들의 집합처가 된 지 오래이다. 독립운동에 대한 무관심과 홀대는 이곳이 노인들의 공간이라는 사실에 의해 상징적으로 잘 표현된다. 노인들의 공간이라는 사실 자체는 사실 존경받아야 할 일이다. 그러나 우리의 현실은 그 반대이다. 노인에 대한 사회의 인식이 매우 비뚤어져 있기 때문이다. 노인의 모습은 사회적 짐으로만 받아들여진다. 탑골공원은 우리가 노인들에게 자발적으로 꾸며드린 공간이 아니라 내몰리고 떠밀리다 마지막에 정착한 막장 같은 공간이다.
옛날에는 좀 나았을 듯싶다. 독립운동에 직간접으로 간여하셨던 분들이 살아계시던 때에는 가끔 이 분들의 무용담이나 작금의 현실에 대한 호통을 들을 수도 있었다. 이 분들도 하나 둘 세상을 뜨신 지금, 이곳은 말 그대로 오갈 곳 없는 노인들 집단수용소처럼 되어버렸다. 해바라기하며 장기나 두고 낮술에 취해 비틀거리는 정도가 전부이다. 우리의 인식체계에서 독립운동은 무기력한 노인과 중첩되고 있다. 이중의 우울한 상징성이다.

탑골공원하면 가슴 뛰는 독립성지가 아니라 왠지 케케묵고 불쾌한 공간이라는 인식이 퍼져 있다. 서울 시내에 대한 머릿속 공간 인식지도에서 검은 공백으로 남는 버려진 곳이다. 독립정신에 대한 무관심이 노인에 대한 무관심으로 이어지고 있는 것이다. 인터넷 Q&A 코너에 올라온 질문 가운데 "왜 탑골공원에는 노인들이 많나요?"라는 질문이 있다. 그 답은 우울한 상황을 단적으로 보여준다. "잘 모르겠지만 무료이고 밥도 주니까"이다. 일차 대답은 '잘 모르겠다'이며 굳이 이유를 찾자면 '무료이고 밥을 주기 때문'이다. 이것이 지금 우리 사회가 독립운동과 노인들에 대해 가지고 있는 인식의 수준이다.

한마디로 노인을 '공짜 밥이나 얻어먹고 사는 거지'로 보는 것이며 독립운동의 산실은 이런 거지들의 집합소로 인식되고 있는 것이다. 이것이 가당키나 한 일인가. 분이 솟고 눈물이 나서 못 견딜 지경이다. 이런 분노는 일본이 독도를 자기네 땅이라고 우기는 것을 보고 느끼는 분노보다 몇 배 더 커야 된다. 뼈 저리는 자기반성이 수반되어야 하기 때문이다. 일본이 헛소리했다고 흥분하는 일은 사실 너무 쉽다. 더욱이 이런 즉흥적 분노만으로는 부족하다. 이런 일이 벌어지게 된 근원을 따져보면 그 잘못의 절반은 우리 자신에게 있다. 우리 스스로가

'파고다' 라는 같은 이름을 갖지만 두 공간은 너무 다르다. 파고다공원은 노인들의 공간이고 파고다학원은 젊은이들의 공간이다. 두 공간의 대립 이면에는 자주권을 상실한 20세기 한국 근대사의 어두운 측면이 있다.

이 정도밖에 안 되는데 일본이 더한 헛소리라고 못할 리 없다.

그러나 현실을 보자. 우리 스스로의 반성은 전혀 찾아볼 수 없다. 모두가 일본 때문이라며 흥분에 떤다. 이런 흥분이 설득력을 가지기 위해서는 우리 스스로부터 떳떳해야 한다. 일본인들의 눈에 비친 우리의 모습이 어떨지부터 뼈저리게 반성해야 한다. 우리의 기풍이 당당하게 살아있다면 일본인들이 함부로 까불 수 없다. 자발적 친일파들이 득실거리고 독립운동을 하면 대대손손 죄인이 되는 나라이니 저들이 저렇게 까부는 것이다. 독립운동의 산실, 탑골공원에 비친 우리의 자화상은 떳떳한가. 전혀 그렇지 않다.

탑골공원이 갖는 이중의 우울한 상징성은 그 앞 맞은편 공간에 의해 삼중으로 배가된다. 맞은 편은 파고다학원으로 상징되는 영어학원가이다. 도로 하나를 사이에 두고 파고다공원과 파고다학원이 마주하고 있다.

영어 간판과 잘 차려입은 젊은이들이 넘쳐나는 맞은편 학원가. 외관은 탑골공원과 대조적이다. 투명한 유리와 날렵한 금속재료로 지은 하이테크풍의 영어학원이 탑골공원의 한국식 정문과 정면으로 마주하고 있다. 그 옆으로 비슷한 분위기의 다른 학원들이 있고 다시 그 옆으로 미국의 패스트푸드점이 나란히 있다. 세트로 갖춘 셈이다. 건너편 한국식 건물을 재래적인 것이라 비웃는 것 같은 극명한 대비구도이다.

그러나 길 건너 학원가도 겉만 번지르르할 뿐 속으로는 하나도 나을 것이 없다. '파고다학원가'는 우리의 젊은이들이 남의 나라말을 배우는 데 젊은 시절의 금쪽 같은 시간을 허비하는 오늘날의 현실을 적나라하게 보여주는 공간이다. 일본에 시달리던 것이 미국에 시달리는 것으로 바뀐 것뿐이다.

우리의 젊은이들은 각자가 지닌 소질과 타고난 본성이 무엇인지에 대해 진지하게 고민하고 탐구할 기회를 단 한 번도 가져보지 못한 채 영어공부만이 인생의 능사인 것처럼 내몰리고 있다. 어쩌다 적성을 어렵게 찾아도 그것을 직업으로 연결시키는 것은 매우 고단한 일이 된다. 세상물정 모르고 쪽박 차려고 날뛰는 철부지 짓으로 치부되며 금세 부모와 사회의 반대에 부딪힌다. 우리의 젊은이들에게 평생을 같이 할 직업이란 영어점수 잘 받고 컴퓨터 자격증 따놓은 다음 기업체에서 나눠주는 자리에 가서 소모품으로 허덕이다 쓸모없어지면 내버려지는 정도일 뿐이다.

썰렁하기만 한 탑골공원. 그나마 노인네들도 최근에는 모두 종묘 앞으로 옮겨갔다. 마지못해 한 숙제 같은 허술한 시설 몇 점만이 외롭게 탑골공원을 지키고 있다. 이곳에는 '독립기념관'이 지어져야 하고 시민들은 수시로 우리의 자랑스러운 독립운동 기록을 접해야 한다.

그 시작은 물론 초등학교부터 죄 없는 애들을 옥죄는 과외이다. 중고등학교의 광풍을 지난 뒤 그 절정을 이런 종류의 영어학원가에서 맞이한다. 강남역, 신촌 대학가, 종로 3가 등 서울 시내에 얼마나 많은 영어학원가들이 주요 요지를 차지하고 영어장사로 떼돈을 벌고 있는가. 대형 서점에서 가장 좋은 자리에 큰 평대를 펼치고 주인 행세를 하는 곳도 영어 코너이다. 작은 소매점을 먹여살리는 것도 영어참고서이다. 대한민국 곳곳 옥외공간과 옥내공간 모두에서 영어가 주인행세를 하고 있다. 개인에서부터 사회, 경제구조에 이르기까지 영어가 지배하는 세상이다.

젊은이가 자신의 창조적 적성을 찾아서 그것에 열심히 몰입하는 일, 그렇게 찾은 직업에 즐겁게 종사하며 행복하게 살고 그러면서 창조적 생산을 해서 사회를 이롭게 하는 일, 그 보답으로 가족의 생활이 유지되고 그 자식도 또 그렇게 자신의 본성을 찾아가는 일, 그렇게 한평생 천직으로 알고 열심히 살다 보면 사회는 노년의 장인에게 존경을 베풀고 편안하게 말년을 보내게 하는 일. 참으로 아름답고 소중한 사회기풍이다. '개인-가족-사회-경제'가 자연스럽게 서로 협력하며 하나로 잘 돌아가는 구조이다. 이런 사이클은 우리 사회에서 씨가 마른 지 오래이다.

이 세상에는 얼마나 다양한 종류의 천성과 직업과 전공과 적성이 있던가. 젊은이들이 자신의 적성을 찾아 도서관과 연구실과 사회현장에서 고민하는 일은 참으로 아름다운 모습이다. 건강한 사회기풍이 시작되는 첫 단추이다. 젊음의 당연한 권리이고 사회에서 당연히 보장해주어야 하는 권리이다. 그러나 우리의 젊은이들은 이런 당연한 권리를 박탈당한 지 오래이다. 대학 도서관에 가 보면 한두 대학을 제외하곤 모두 영어공부와 취업준비에 매달리고 있다. 전공공부를 하는 학생들은 점점 찾아보기가 어려워지고 있다. 하나같이 똑같은 영어참고서와 똑같은 취업준비서에 목을 매고 있다.

영어권 선진국의 젊은이들과 비교하면 그 비참함은 말로 설명하기 힘들 정도이다. 그 나라 젊은이들은 자신의 적성을 마음껏 펼칠 직업을 찾아, 세계를 상대로 일하고 경영할 그 준비로 희망찬 시간을 보내는 동안 우리 젊은이들은 바로 그 나라 말 배우는 데에 인생 전부의 성공여부를 걸고 버둥거리고 있다.

영어를 못하면 죄인 취급받는 나라, 이런 나라에서 세계를 상대로 경쟁할 창조적 정신이 키워질 리 만무하다. 영어 하나만 잘하면 평생 먹고사는 데 지장 없는 나라, 그러나 영어 잘하는 것 이외에 젊은이들의 다양한 적성을 수용할 여력을 상실한 나라, 따라서 영어를 잘하는 길밖에는 살아갈 길이 막막한 나라, 이것이 지금 우리의 현실이다.

건강한 사회기풍의 사이클이 깨진 곳에서 젊은이들은 부속품으로 취급될 뿐이다. 소모품으로 쓰이다가 여지없이 하루아침에 새 소모품으로 바꿔치기당한다. 그 새 소모품은 취직이 되었다고 집안에서 잔치라도 벌이며 좋아한다. 졸지에 인생에 성공한 영웅이 된다. 이것이 진정 성공한 인생인가. 자기가 밀어냈던 중고 소모품과 똑같은 운명인 것을 왜 모르는가. 소모품 역할밖에 못했는데 사회

담으로 둘러싸인 탑골공원. 이렇게 외딴섬으로 만드는 것은 탑골공원을 두 번 죽이는 것이다. 탑골공원의 담을 허물어야 한다. 저녁에도 시민들이 오가며 쉬고, 젊은이들도 마음껏 드나들 수 있는 공간으로 만들어야 한다.

에서 존경과 대접을 기대한다는 것은 무리이다.

'파고다학원' 에서 열심히 영어공부하며 젊음을 보낸 젊은이들이 나중에 갈 곳은 결국 '파고다공원' 이라는 사실을 왜 모르는가. 젊다는 자산 하나로 코앞의 파고다공원을 경멸하며 자신만은 영어공부 열심히 해서 성공한 인생을 살겠다고 다짐들을 하며 파고다학원에 개근한다. 자신은 파고다학원을 다니니까 파고다공원 속 할아버지들처럼은 되지 않을 것을 확신한다.
그러나 그것은 큰 오산이다. 파고다학원 열심히 다니면 파고다공원으로 안 갈 것 같은가. 그렇지 않다. 이것은 개인의 능력 문제가 아니라 사회구조의 문제이다. 개인이 피해가기 어려운 큰 질곡 같은 것이다.

같은 '파고다'라는 단어를 공유하고 있지만 두 공간은 섞이지 못하고 철저히 분리되어 있다. 소 닭 보듯 서로에게 무관심하면 다행이요 자칫하면 대치라는 표현이 어울릴 법도 하다. 파고다학원을 드나드는 젊은이들은 절대 파고다공원으로 넘어오지 않는다. 그 반대의 경우도 마찬가지이다. 파고다공원으로 출근하시는 할아버지들에게 길 하나 건너편 공간은 너무 이질적이다. 조폭들이 영역을 가르듯이 횡단보도 하나를 사이에 두고 두 공간은 너무 다르며 따로 놀고 있다.
이것만이 전부는 아니다. 겉으로 드러난 대치국면과 달리 두 공간은 공통점이 많다. 문제는 공통점이 부정적이라는 데에 있다. 사실 파고다공원 속에서 일어나는 비참한 현실과 파고다학원에서 일어나는 참담한 현실은 같은 맥락을 갖는다. 모두 외세에 의해 지배당한다는 공통점을 진하게 공유하고 있다.
공통점이 창피하고 부끄러운 것이기에 이렇게 대치하는 것이리라. 파고다공원 속의 할아버지들은 그들대로, 파고다학원을 드나드는 젊은이들은 또 그들대로 스스로에게 합당한 민족적 정체성을 온전히 갖지 못한 상태에서 상대방은 서로에게 불편한 동반자일 뿐이다. 할아버지들은 젊은이들에게 떳떳하게 나설 수도 없고 자랑스럽게 해줄 얘기가 없다. 버림받은 인생 막장이라는 자괴감이 강하게 지배하고 있을 뿐이다.

그러나 누가 누구를 버린단 말인가. 어른이 젊은이를 버리는 것이지 젊은이가 어른을 버리는 것은 아니다. 그럼에도 스스로 떳떳하지 못한 할아버지들은 젊은이들이 자신들을 버렸다는 해괴한 공식에 상당히 자발적으로 동의하는 분위기이다. 그 젊은이라는 사람들 또한 스스로에게 떳떳할 리가 없다. 자신이 누구인지조차 모른 채 영어공부에 휩쓸려 젊음을 소진해야 하는 이들 또한 길 건너 할아버지들에게 자신을 내보일 용기가 없다. 말을 걸 용기도, 무엇을 물어볼 용기도, 한번 쳐다볼 용기도, 아무것도 없다. 그저 서로가 모두 패배자로 보일 뿐이다.

일본에서 미국으로 지배주인이 바뀌면서 대를 이어 외세에 의존해야만 살아남을 수 있는 우리의 무기력한 근현대사를 압축적으로 보여주는 곳이다. 그 잔혹한 일본의 압제에 맞서 일어난 독립운동의 산실을 초라하게 방치한 과거와, 친일파들이 나라를 지배하며 망쳐놓은 근대사와, 돈 버는 일에만 급급해 이렇게 커져버린 노인방치 문제와, 이런 것들을 한데 묶어 유발시킨 암울한 독재 현대사와, 그리고 그 후속편인 우리 젊은이들의 영어 의존적인 근미래가 복잡하게 엉켜 암울한 염세주의로 재생산되는 곳이 파고다공원과 파고다학원이 대치하고 있는 이곳이다. 그 이면에는 우리 스스로 정체성을 지키지 못하고 외세에 의존해 연명해 가는 우리의 초라한 자화상이 있다.

양극단이 혼재하는 우리의 현실
_ 최소공간과 최대공간

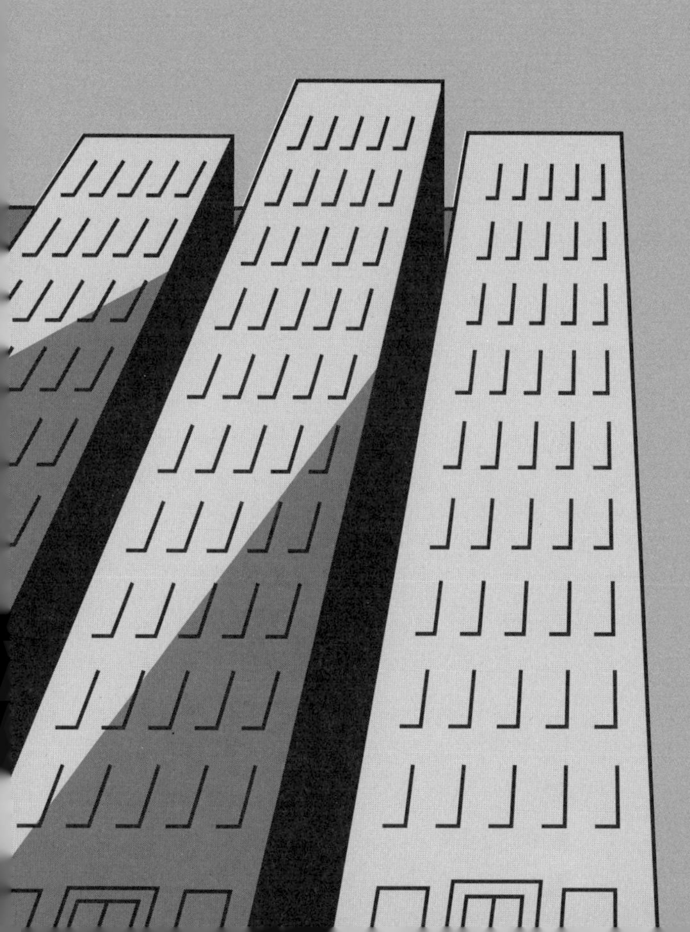

오후 2시 모 대학 도서관. 작은 책상 하나에 별의별 것이 다 들어 있다. 한 사람의 생활살이가 다 들어 있는 것 같다. 취직 수험서와 영어 참고서가 주요 내용을 이룬다. 전공 관련 서적은 찾기 힘들다. 전공이 무슨 소용이랴. 영어 잘해서 취직하는 일만도 너무 버거운 일인데. 칫솔, 치약, 수건, 물컵, 휴지도 있다. 이곳이 생활의 터전인 걸 알 수 있게 해준다. 지금 이 시대를 살아가는 젊은이들의 애환이 고스란히 느껴진다. 최소공간이다. 한 사람에게 필요한 최소공간이 어디까지인지를 묻는 퀴즈를 보는 것 같은 애잔함이 인다. 어른의 한 사람으로서 젊은이들에게 미안할 뿐이다.

최소공간의 극단은 휴대폰과 인터넷이다. 무형이기 때문에 작아질 수 있는 한

작아진다. 반도체 칩 하나가 도서관 하나에 맞먹는다며 아기 손만 한 기계 속에 세상이 다 있는 것 같은 착각의 세계이다. 미니홈피는 자기만의 왕국이다. 모니터 몇 장에 하나의 왕국을 이룰 수 있다.

지금 우리의 최소공간들은 달팽이 껍질이나 호두 껍질 같은 철저한 자기 방어막을 치는 행위이다. 어머니 자궁 속 같은 편안한 휴식의 공간 단위가 아니라 무엇인가에 놀라 쫓겨 숨어 들어간 동굴 같은 것이다. 이런 최소공간들에서는 지극히 폐쇄적인 개인사만 난무한다.

같은 시각 근교 골프 연습장. 시골이고 평일이고 대낮인데도 중대형 승용차 10여 대가 늘어서 있다. 사람들은 따악 따악 소리를 내며 골프 연습에 열중이다. 골프가 보편화되면서 수요가 늘어난 것이긴 하지만 공한지에 세금 피해가는 편법으로 이용되는 측면이 강하다. 공사비 적게 들고 일정한 수입도 들어오기 때문이다. 크면 클수록 좋은 공간이 골프 연습장이다.

비슷한 시각 대형 마트. 역시 사람들로 넘쳐난다. 장보러 나온 가정주부뿐만 아니다. 남녀노소가 골고루 섞여 있다. 대형 마트는 더 이상 식구들 반찬거리나 사러오는 공간이 아니다. 집 밖의 생활을 주도하는 당연성을 확보했다. 숭고한 공간에 근접하고 있다. 같은 시각 백화점을 보자. 돈은 많고 시간은 남아나는 사람들 놀이터가 된 지 오래이다. 이런 대형 마트나 백화점 역시 골프 연습장처럼 크면 클수록 더 좋은 공간이다. 골프 연습장보다 몇백 배 더 적나라하게 크기에 비례해서 돈이 들어오기 때문이다.

대학 도서관에서 흔히 볼 수 있는 개인좌석. 최소공간에 몰입해야만 하는 이 시대 젊은이들의 고단한 현실을 잘 보여준다. 우리 시대의 최소공간은 자본의 축적이 인본성과 분리되면서 개인을 외진 구석으로 내모는 과정에서 나타나는 현상이다.

고층 아파트보다도 높은 대형 골프연습장. 후기 산업사회의 대형 공간을 대표한다. 경제 논리에 올라타는 데 성공한 소수에게는 이 큰 공간들이 모두 자기 것이 된다. 반면 나머지 대다수는 흉물스럽기 짝이 없는 이런 대형 공간을 매일 마주쳐야 한다.

골프 연습장과 대형 마트, 모두 최대공간이다. 주어진 조건과 상황 아래에서 커질 수 있는 한 커지는 공간이다. 아니, 커져야만 살아남을 수 있고 그래서 클수록 미덕인 공간이다. 여기에 고층 아파트까지 가세했다. 서울 시내는 물론이고 최근 전국의 시골에는 산을 삼킬 만한 골프 연습장이 크게 늘고 있다. 골프 연습장은 혼자 생기지 않는다. 고층 아파트와 대형 마트가 항상 붙어 다닌다. 호젓한 시골은 거의 다 깨졌다. 시골도 평수의 논리가 지배하기 시작한 지 꽤 되었다.

최소공간과 최대공간의 양극단이 혼재하는 것이 지금 우리의 현실이다. 그 뒤에는 후기 산업사회의 경제상황이 배경으로 작용한다. 공간이 양극으로 갈리는 현상은 비단 우리나라만의 현상은 아니다. 후기 산업사회에 보편적으로 나타나는 현상으로 볼 수 있다.

문제는 공간의 종류, 그 속에서 벌어지는 일, 공간에 투영된 사회적 상징성 등이다. 이를테면 최소공간과 최대공간이 도서관 좌석과 골프 연습장으로 갈리며 대립하는 현상은 심각한 문제이다. 이런 대립은 우연히 생기는 것이 아니다. 그 이면에는 "경제 논리가 모든 것을 지배하면서도 적절한 분배가 이루어지지 못하고, 그에 따라 사회의 인적 인프라가 깨지면서 개인들이 갈피를 못 잡고 희생되는" 큰 문제가 도사리고 있다.

서구도 60년대에 이와 비슷한 현상에 직면한 적이 있었다. 집을 캡슐 개념으로 정의하려는 움직임이 일어났다. 사람 한 명이 가정 하나가 되는 초핵가정이었다. 최소공간의 극단이었다. 그 반대편에서는 쇼핑몰, 문화 인프라, 거대기업 사옥 등 집단의 개념이 반영된 대형 공간이 급하게 부상했다. 최대공간이었다.

60년대 서구의 건축가들은 이 문제를 매우 정밀하게 다루었다. 최대공간을 이루는 복합 요소로 최소공간을 환치해냄으로써 현대 건축의 위대한 업적이라고 할 수 있는 상대주의 복합공간으로 탄생시킨 것이다. 그리하여 최소공간이 개인을 집단에서 분리시키고 극단적 외톨이로 만드는 소외의 위험을 막을 수 있었다. 최대공간은 가급적 공공건물에 할당했다. 이것이 기업사옥이나 상업공간 등 사적 영역의 건물일 경우에는 숨통이 트일 여백, 쉴 수 있는 휴식공간, 실내 정원이나 녹지요소, 휴먼 스케일의 골격처리 등의 공공요소를 가능한 한 많이 집어넣었다.

그 결과 최소공간이 개인을 집단에서 분리시키고 극단적 외톨이로 만드는 소외의 위험을 어느 정도 막으면서 이것을 개별 공간단위들의 복합적 관계로 풀어내는 데 성공했다. 큰 공간 속에 개인 공간단위들을 집어넣은 뒤 그 독립성을 보장하면서 이와 동시에 이것들 사이의 복합적 관계를 끌어내 공간구도를 재미있고 풍부하게 만든 것이다. 개인의 최소공간을 방치하지 않고 집단으로 끌어들여 개인도 건지고 집단도 풍부해지는 양면적 이득을 얻은 것이다.

최대공간도 마찬가지였다. 가장 급선무로 최대공간이 조형적으로 삭막한 거대 괴물이 되는 것을 방지했다, 실내공간도 마찬가지였다. 풍선에 바람 분 것 같은 심심한 컨테이너 박스가 되지 않도록 주의를 기울였다. 공공성 확보도 중요했다. 거리를 실내에 이식한 것 같은 고도의 조형처리들이 건축가들이 즐겨 쓰는 항목으로 자리잡은 것도 이때였다. 최대공간을 도시조직의 공공 영역의 연장으로 보겠으며 그 속에 담기는 개인에 대한 최소한의 배려를 의무화하겠다는 의도였다.

우리의 최소공간과 최대공간에는 이런 것이 없다. 최소공간 속에서 개인은 점점 축소적 소외에 집착한다. 처음에는 이것을 서글프게 받아들이고 빨리 벗어나야겠다는 희망을 안 버리지만 시간이 지나면서 감상적이 되고 자학적이 되면서 병리적으로 빠져든다.
고시촌의 고시원은 좋은 예이다. 반드시 고시에 붙겠다는 열망만으로 버티는 건 아니다. 처음에는 이런 열망으로 시작하지만 시간이 지나면서 상황은 달라진다. 자신의 적성을 찾을 기회조차 주지 못한 사회, 자신을 고시로 내몬 사회, 계속 고배를 마시게 한 사회, 이런 사회에 대한 증오와 반발이 커가면서 그 복수로 개인을 자학하는 마이크로 집착증에 빠지는 것이다. 잘못한 것도 없이 부모한테 억울하게 혼나면 밥을 굶는다든가 머리를 쥐어뜯는다든가 심한 경우 비행으로 빠지는 등의 자학으로 그 반발 심리를 표현하는 어린이의 자학증 같은 것이다. 자신한테 관심을 가져달라는 절규 같은 신호이다. 공공 영역이 개인을 보호하지 못하는 상황에서 발생하는 사회병이다.
우리의 최대공간은 어떠한가. 상업공간에 치중된 정도가 심하다. 대형 공간은 상품을 가득 채우기 위한 평수와 체적으로 환산된다. 대형 공간에서 가장, 그리고 유일하게 중요한 것은 초코파이를 몇 박스 쌓을 수 있는가이다. 코엑스 전시

하해(河海)와 같은 대형 할인마트. 가장 싼 값에 초코파이를 가장 많이 쌓을 수 있는 공간이다. 여지없이 고층 아파트를 배경막으로 갖는다. '고층 아파트'와 할인마트'의 짝은 가장 편리한 주거환경으로 인식되고 있지만 이 속에서 개인은 철저하게 머릿수로만 환산된다. 머릿수는 곧 돈이다.

또 다른 대형 할인마트의 측면에 보이는 오토 워크. 땅을 밟고 골목길을 거닐며 물건 파는 할머니와 담소하던 재래시장을 대신하는 후기 산업사회의 시장 유형이다. 재래시장에서 지켜지던 휴먼 스케일과 인본성은 최대공간 속에서 깨끗이 지워진다. 이런 환경 속에서 살다 보면 개인은 그에 대한 반발심리로 최소공간을 찾아 숨게 된다.

장이나 고속철 역사 같은 대형 공공건물들도 등장하기 시작하지만 심심한 거대 박스로만 남는다. 골격은 하이테크 양식으로 미래적 세련됨을 갖추었지만 정작 그 속에 있는 개인은 차갑고 중성적인 대형 공간 속에 버려진 것 같은 소외감을 느낀다.

최소공간의 또 다른 대표선수인 화장실을 보자. 젊은이들의 고민이 솔직하게 표출된다는 대학 화장실 낙서. 시대고민을 읽을 수 있다. 성적인 낙서는 어느 시대에나 있는 본능이니 넘어가자. 80년대에는 독재 권력을 규탄하는 시국 선언문들이 주류를 이루었다. 90년대에는 매판 자본이니 하는 경제 정의나 미군 철수 등의 민족적 자각을 분출했다.

2000년대에는 학벌의 고민이나 종교적 주장 등이 눈에 띈다. 연대 화장실에 '고법(고대 법대) 만세' 라고 써놓는다거나 지방 캠퍼스 화장실에 서울 캠퍼스와의 차별대우에 대한 불만이 토로되는 식이다. 기독교의 배타적 횡포를 비판하는 글도 많다. 삭막한 경제 논리가 지배하는 사회에 대한 두려움도 주요 소재이다. 최소공간이지만 집단적 사회고민을 표출하고 그 고민의 종류를 알게 해준다. 학벌 문제는 개인의 이익과 관련된 점에서 최소공간의 개념에 대응될 수 있다. 반면 종교 문제나 경제 논리는 집단화된 거대 권력과 관련된 점에서 최대공간의 개념에 대응될 수 있다. 우리 사회에서 최소공간과 최대공간은 섞이지 못하고 대립적 쌍개념으로 마주보고 있다.

이런 현상은 양극 사이의 중간 영역이 점점 사라져가는 사회현상에 대응될 수

대학교 화장실 낙서. 최소공간의 전형적 예이다. 속마음을 솔직하게 털어놓을 수 있는 곳이기 때문에 무의식에 투영된 사회상황이 표출된다. 연대 화장실에 써 있는 '고법만세' 라는 낙서는 우리 사회에서 학벌을 단위로 한 집단성이 더 공고해져 감을 보여준다. 개인은 실존적 차원에서는 외톨이로 내몰리지만 사회적 차원에서는 집단에 종속된다. 중간 지대가 없는 양극화 현상이다.

있다. 이혼이 늘면서 사회조직에서부터 가정이라는 중간 영역이 붕괴되며 개인과 집단으로 양분되고 있다. 도시의 물리적 골격도 마찬가지이다. 건물들은 초고층화되어 가는 반면 모든 집중은 건물 속으로만 모아진다. 그 사이의 중간 영역은 버려진 채 방치된다. 건물 속 사무실 풍경을 보자. 개인 공간은 점점 프라이버시를 보호하기 위해 칸막이로 둘러쳐진다. 개인 세포와 거대 빌딩으로 점점 양극화되어가는 현상이다. 가족 간 소통을 가로막는 아파트 구조도 한 몫 한다. 각자 자기 방에 들어앉아 핸드폰과 인터넷이라는 자기만의 최소공간 세계에 빠져든다.

개인은 점점 소외되어가며 최소공간의 작은 세포 속으로 침잠한다. 개인주의가 극단화된다. 반면 집단은 상업 논리에 완전히 지배당하면서 돈으로만 계산이 되는 최대공간에 매달린다. 경제 논리에 편승하지 못한 많은 개인들은 최소공간 속에서 허우적댄다. 반면 이것에 성공한 소수는 최대공간을 자기 것으로 가지며 누린다.

도시 공간은 점점 대형 상업건물이 점령해간다. 개인은 경제 메커니즘의 톱니가 잘 돌아가게 해주는 부속품으로 전락한다. 개인은 자기만의 최소공간에 갇혀 있다가 기껏 대형 상업공간에서 물건이나 사고 황량한 도시 거리를 배회하다가 다시 자기만의 최소공간으로 들어가는 삭막한 주기만이 반복되는 현실, 이것이 우리의 자화상이다.

능선 보호법을 만들자 _ 능선파괴

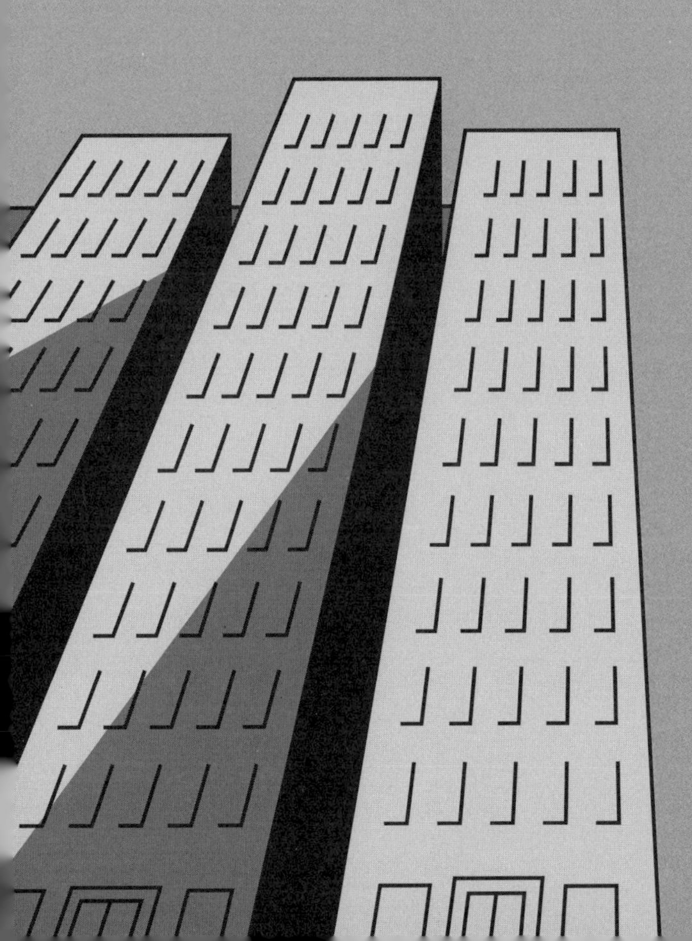

산이 많은 지형이 우리나라의 중요한 자연적 특징이라는 사실은 초등학교 사회책에서부터 나온다. 그러나 지금 우리 사회에서 이런 사실은 시험 볼 때 외워야 하는 정보 이상의 의미를 갖지 못한다. 우리의 생활에서 산은 돈벌이를 가로막는 걸림돌일 뿐이다. 따라서 산은 까부수고 파헤쳐야 할 거추장스러운 존재이다. 이것이 우리가 우리의 땅에 대해서 가지고 있는 가장 솔직한 인식이다. 할 수만 있다면 온 국토를 평평하게 다림질이라도 하고 싶어 온 국민이 안달들이다. 산은 굴삭기로 파내고 불도저로 밀어버리면 그만인 존재이다. 그래야 무엇인가를 더 높고 더 크게 지을 수 있고 더 많은 돈을 가질 수 있기 때문이다.

사람들은 나지막한 산 사이에 군집을 이루며 도시를 꾸렸다. 나지막한 산은 도시에서 능선을 형성했다. 우리나라의 도시를 구성하는 가장 중요한 특징이다. 산은 시골에만 있다고 생각하지만 도시에도 있는 것이다. 나무가 있는 곳만 산으로 생각하지만 도로를 내고 집을 짓는 능선도 산인 것이다. 능선을 대하는 태도는 산을 대하는 것과 똑같아야 한다.

우리는 서울의 자연환경에서 능선이 많다는 사실을 아파트 짓는 데 방해요소로만 인식하고 있다. 더 근본적으로 말해서 능선이 자연환경이라는 것조차 모르고 있다. 도시에는 자연환경이 없다고 생각하거나 인공적 힘으로 밀어붙여 다듬을 수 있다고 생각한다. 기계의 힘을 들여 그렇게 자연을 제압하고 바꾼 뒤 더 많은 아파트를 더 높게 짓는 일을 문명의 위대한 승리로 착각한다.

능선을 파헤치는 일이 왜 위험한가. 능선이 시각적으로 보기 좋다느니 편안한 마음을 불러일으킨다느니 하는 말은 꺼내지도 말자. 사춘기 감상만도 못한 철부지로 욕먹을 따름이다. 능선이 중요한 것은 미세 기후에서 중요한 역할을 하기 때문이다. 능선은 바람의 방향, 강도, 습도를 조절한다. 능선이 있으면 개천이 있는 법, 개천과 함께 빗물을 조절한다. 이런 작용은 온도에도 영향을 끼친다. 궁극적으로는 이런 여러 요소들의 종합적 작용으로 한 도시에서 열환경의 쾌적도가 만들어진다.

서울의 열환경은 구름 치듯 넘실대는 높고 낮은 능선들과 그 사이를 가르는 개천들이 서로 어울려 만들어내는 자연스러운 결과이다. 이것을 인위적으로 잘라내고 깎아내고 파헤쳐 망쳐놓으면 열환경은 악화될 수밖에 없다. 악화된 열환경을 만회하기 위해 에어컨과 보일러를 더 돌려대야 한다. 이것은 다시 열환경을 더 악화시켜서 더 많은 기계를 돌리게 하는 악순환에 빠지게 된다.

능선을 파헤치고 개천을 막으면서 서울의 열환경은 나빠지기 시작했다. 안 그래도 분지라서 여름에 고온다습한데 능선을 파헤치다 보니 자연 지형이 항아리처럼 되면서 공기를 가둔다. 여름 기온이 올라가는 주된 이유 가운데 하나이다. 겨울에는 터널 효과를 유발시키며 바람의 각도를 날카롭게 만든다. 능선을 파

대도시 아파트 개발 현장. 능선을 파헤쳐 고층 아파트를 앉히려 하고 있다. 능선 하나 날리는 것은 이제 일도 아니다. 그러나 도시 내 능선도 설악산을 손대서는 안 되는 것과 똑같이 보호되어야 한다.

헤친 자리에는 어김없이 초고층 아파트들이 들어선다. 바람은 그 사이를 소용돌이치듯 휘감아 돈다. 예전에는 없던 겨울철 돌풍 현상이 잦아지는 이유이다. 능선을 파헤치지 못할 경우에는 그 위에 아예 올라타고 앉아버린다. 이것은 열환경의 입장에서 보면 최악의 상황이다. 능선의 높이를 일직선으로 100미터 가까이 인공적으로 높인 꼴이 되기 때문이다. 공기와 습도를 가두는 항아리 윤곽을 더 크고 깊게 만든 것과 같다. 공기의 원활한 흐름을 막고 스모그를 증가시켜 공기 오염의 피해를 몇 배 가중시킨다. 요즘 서울의 여름과 겨울 기후가 점점 불쾌해져가는 중요한 원인이다.

겨울에는 온도는 높아졌지만 기분 나쁜 바람이 스산하게 분다. 온전한 햇빛을 보는 일이 참 힘들어졌다. 옛날 서울의 겨울 날씨를 기억하는 사람들은 이렇지 않았다고들 한다. 온도는 지금보다 더 낮았지만 공기는 맑았고 바람은 명쾌했다. 그 사이를 밝은 햇빛이 친절한 벗처럼 비추었다. 한마디로 '쨍' 하니 추운 날씨였다. 춥지만 상쾌한 날씨였다. 언제부터인지 이런 날씨가 사라져버렸다. 항상 뿌연 스모그가 정체되면서 그 사이를 삭막한 바람만이 불쾌하게 분다. 모든 일은 점점 실내에서만 하게 된다. 이를 위해 난방을 높여야 하고 이것은 다시 열환경을 악화시킨다.

능선에 대한 우리의 인식을 잘 보여주는 대표적 사례로 돈안 2동 재개발을 들 수 있다. 삼선교에서 삼청동으로 넘어가는 길목에 아름다운 능선을 이루던 곳이다. 이곳을 20층짜리 아파트로 재개발했다. 20층짜리 아파트가 들어섰고 그

능선을 파헤치기가 힘들면 아예 능선을 타고 앉는다. 이것은 최악의 해결책이다. 보기에 안 좋은 것은 당연하다. 여기에 더해 분지 효과를 배가시키기 때문에 여름에는 바람을 막아 온도와 습도를 올리며 겨울에는 바람을 부추겨 기분 나쁜 스산함을 만들어낸다.

서대문에서 불광동에 이르는 지역은 북한산의 끝자락으로 산세가 힘이 있으면서도 높지 않고 부드러움을 자랑한다. 그러나 산세를 따라 고층 아파트들이 높이의 절반 이상을 가로막아섰다.

사이에 인동간격을 확보하기 위해서 능선 허리는 여지없이 삭둑삭둑 잘려나갔다. 아파트 밑동에는 다시 5층짜리 주차장이 회색 콘크리트 몸통을 흉측하게 드러냈다. 능선 꼭대기도 이런 초고층 아파트가 타고 앉았다. 능선의 부드러운 선은 다 망가졌다.

이것이 끝이 아니었다. 여기까지는 사실 요즘 서울 시내에서 흔히 볼 수 있는 상황이다. 문제는 그 다음이었다. 이것으로도 모자라 층수를 더 높이기 위해 구청 공무원이 뇌물을 받고 5층을 더 짓게 눈감아 준 것이다. 어느 누구도 아파트 층수가 설계된 대로 옳게 올라가는지 세어본 사람이 없었다. 그저 다 저런 것이려니, 높이만 올라가면 더 좋은 것이려니 하고 있는 사이에 건설회사와 공무원이 돈을 주고받으며 불법으로 4개 층을 더 올린 것이다. 그것도 공무원 여러 명이 뇌물을 받은 것도 아니었다. 단 한 명만 매수하면 충분했다.

코미디 같은 이런 일이 실제로 일어났다. 불법이라는 사실은 골조 공사가 끝날 때쯤 밝혀졌다. 아무래도 너무 높다 싶어서 이를 수상히 여긴 한 주민이 손가락을 짚어가며 세어본 결과였다. 그러나 이미 상황은 종료된 뒤였다. 아파트 4개 층을 떡 떼듯 잘라낼 수도 없는 법, 돈 먹인 건설회사 간부와 돈 먹은 공무원만 감옥 가는 선에서 사태는 덮어졌다. 불법으로 더 올린 그 층수는 그대로 굳어져 합법적 현실로 둔갑해버렸다. 영화 제목 같은 '기문둔갑' 그 자체였다. 그렇게 해서 탄생한 불법 사생아가 지금 저 아파트이다.

능선을 망치는 행위에는 직접 파헤치는 것 이외에 가로막는 것도 포함된다. 이런 현상도 족보가 있다. 가장 먼저 피해를 본 곳이 옥수동 일대였다. 이곳은 한강을 그린 전통 한국화에 가장 많이 등장하는 지역이다. 그만큼 경치가 좋기 때문이다. 이 산을 좌우에서 아파트가 협공을 해버렸다. 아파트 높이는 산과 거의 같아져 버렸다.

다음은 서부 이촌동이었다. 25층으로 재개발되면서 저 멀리 북한산을 가려버렸다. 한동안 환경단체나 시민단체에서 떠들어댔지만 경제 논리를 이기지 못했다. 이후에는 너무 많아져버렸다. 이곳저곳 보기 좋은 산들을 아파트들이 병풍쳐놓은 것처럼 막아버렸다. 최근에 초고층 아파트가 등장하면서 급기야 남산과 경쟁하는 아파트들이 많이 생겨났다. 시선 각도에 따라서는 남산과 경쟁하는 것이 아니라 남산타워와 경쟁하는 것처럼 보이게까지 되었다.

이것은 물론 넓은 의미에서 자연 조망권이나 환경권과 관계되는 문제이다. 최근에는 미시적 차원의 조망권과 환경권, 즉 남의 집 바로 앞의 경치나 햇빛을 가로막으면 보상금을 무는 것이 대세이다. 이 가운데 경치는 주로 한강에 국한되어 있다. 따라서 한강에 직접 면한 곳이 아니면 그 이외의 먼 산 같은 경치에 대한 조망권은 아직 인정되지 않고 있는 추세이다. 앞으로는 북한산과 남산과 동네 야산을 가로막는 행위도 도시 전체의 공익 차원에서 금지되어야 한다.

능선을 파괴하는 행위는 도시에서만 벌어지는 것은 아니다. 시골은 시골대로 똑같은 일이 벌어지고 있다. 용인 수지 지구의 난개발이 잠시 언론의 관심이 된

옥수동 일대. 서울 일대의 한강에서 경치가 제일 좋아서 전통 한국화에 가장 많이 등장하던 곳이다. 지금은 이렇게 되어버렸다. 아파트가 병풍처럼 능선 하나를 돌아가며 둘러막고 있다.

적이 있었지만 지금은 기억에도 없이 사라졌다. 부동산 투자회사, 건설회사, 투기꾼들 사이에는 한 건 잘 올린 성공 사례로 기록될 뿐이다. 이런 식의 능선 파괴는 서울을 360도 뱅 돌아가며 모든 근교에서 당연한 일로 자행되고 있다. 서울 시내야 그렇다 쳐도 시골에서까지 이래야 하는 이유는 서울식 도시개발이 강제 이식된 것밖에는 다른 이유를 찾기 힘들다.

길음 뉴타운, 아현 뉴타운, 마포 뉴타운, 진관 뉴타운. 요즘 서울시가 의욕적으

능선을 넘고 넘어. 아파트가 고층에서 초고층으로 바뀌면서 이제 능선은 눈에 안 차게 되었다. 초고층 아파트들은 남산, 나아가 남산 타워와 경쟁한다. 아파트란 것도 결국 사람 사는 집일뿐이다. 그 교만이 도를 넘어섰다. 사람 사는 집은 이래서는 안 된다.

로 추진하고 있는 강북 뉴타운 개발 사업에서도 능선 요소는 빠져 있다. 문화 타운으로 하겠다, 교육 타운으로 하겠다, 온갖 청사진들을 내놓고들 있지만 정작 가장 기본이 되는 자연 지형에 대한 고려는 빠져 있다. 밀도를 낮춘다고 하지만 구체적 방안 없이 대부분 용적률로 제한할 뿐이다. 이것으로는 능선 보호가 불가능하다. 처음부터 능선에 대한 생각은 없었다는 얘기이다. 능선을 파괴하지 않고서는 용적률을 다 찾아 먹지 못하게 되어 있다. 현재의 용적률 수치, 그리고 용적률로만 제한하는 제도로는 능선 파괴는 막지 못한다. 능선 보호법을 만들어야 한다. 그러면 고밀도는 자연히 해결되게 되어 있다.
각 구별로 능선이 아름다운 곳들이 많다. 서울뿐 아니다. 어머니 가슴처럼 부드러운 산세가 주요 지형을 이루는 우리나라에서는 어느 곳에서나 마찬가지이다. 도시라고 다르게 생각하란 법은 없다. 모든 것은 자연 지형으로부터 시작된다. 사람이 사는 터는 땅의 생김새에 맞춰 지어져야 한다.

골목 속 놀이터를 살리자 _ 광장

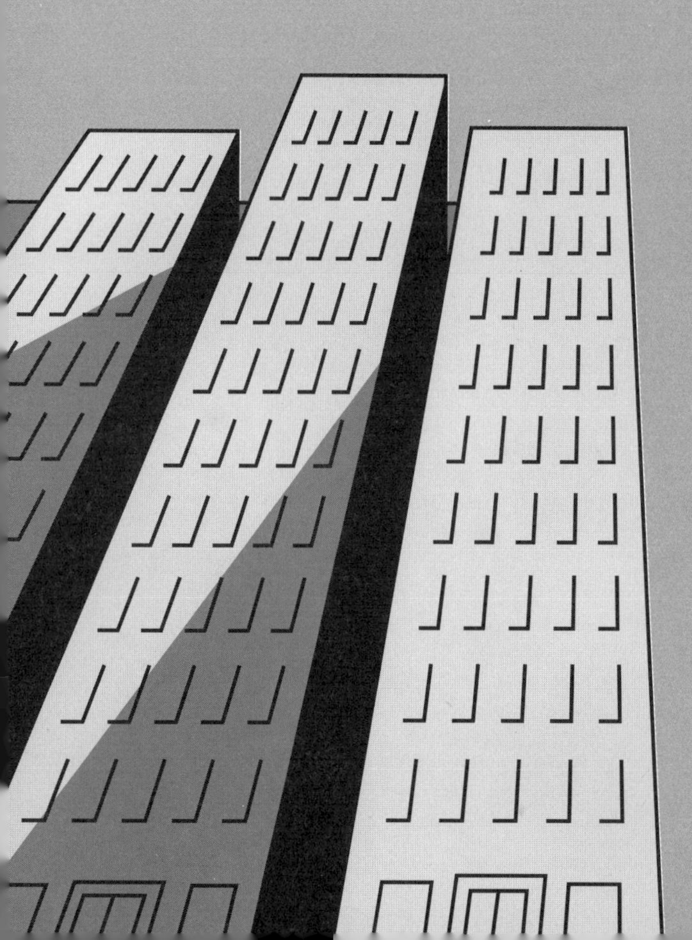

최근 서울시의 복원 사업 가운데 광장이 중요한 항목으로 들어가면서 광장에 대한 관심이 늘고 있다. 광장이 서울 시민의 생활에서 주요 공간으로 등장한 것은 이미 20여 년 전이다. 80년대 후반 시민들이 참여한 민주화 행진이 중요한 분기점이었다. 이후 광장은 주로 시위나 집회 같은 투쟁의 공간으로 자리잡았다.

광장에 대한 우리의 인식은 거대담론 중심의 대형 공적 영역에 치중되어 있다. 2002년 월드컵 응원을 계기로 광장의 용도가 투쟁이 아닌 어울림이 될 수 있다는 것을 보긴 했지만 그 인식은 여전히 애국심이라는 거대담론이다.

최근 서울시의 광장 만들기 작업도 이런 범위를 벗어나지 못하고 있다. 시청 앞과 숭례문 주변 등에서 대형 공적 영역 중심으로 광장 조성작업이 이루어지고 있다. 이런 작업도 여의도공원과 남산생태공원 같은 선례가 있다. 이것 자체는 훌륭한 일이다.

여의도공원은 공권력에 의해 수십만 군중을 동원하는 데 쓰이던 수만 평의 아스팔트 광장을 메워 만든 것이다. 남산생태공원은 서울에서 가장 좋은 입지인 남산 기슭을 차지하고 있던 외인 주택단지와 외인 아파트를 내보내고 조성된 것이다. 시청 앞과 숭례문 주변은 자동차 도로를 뺏어와 만든 것이다.

이런 작업들은 진정한 주인 찾기 작업으로 이해될 수 있다. 서울의 주인은 시민이며 우리이며 보행자이기 때문이다. 앞으로 더 많은 작업이 이루어져야 함은 물론이다. 그러나 아직 많이 부족하다. 좀 더 세밀한 관찰과 배려가 필요하다.

여의도공원과 남산생태공원은 그 자체로는 훌륭하지만 이것들은 광장이 아니라 말 그대로 공원이다. 좋은 도시가 되기 위해서는 공원도 물론 필요하다. 그러나 광장도 있어야 한다. 서울에는 시청 앞 광장을 제외하고는 광장이라는 이름을 갖는 공간은 거의 없는 실정이다.

시청 앞 광장도 내용을 보면 광장이라고 하기 어렵다. 그나마 이것을 광장이라고 부르는 것도 이전부터 이곳을 그렇게 불러서 그런 것이다. 이번에 새로 조성된 광장이 진정한 광장의 기능을 하게 되어서 광장이라는 이름이 붙은 것으로 보기는 어렵다.

이외에 광장의 성격을 보이는 공간들이 몇 곳 있지만 명확한 의미에서의 광장이라고 보기는 어렵다. 공원과 혼재된 상태가 대부분이며 공간 사용에서도 광장으로 발전할 많은 가능성을 가지고 있음에도 불구하고 안타깝게 방치된 측면들이 많다. 서울시 전체로 보면 골목 속 놀이터 같은 작지만 중요한 대안들이 숨어 있다.

광장에 대한 열망 자체는 긍정적 현상이다. 광장은 자동차 중심의 삭막한 도시 환경에서 사람과 보행을 위해 중요한 숨통 역할을 한다. 기능적으로도 단순해 버릴 대로 단순해진 도시 생활에 다양성을 제공할 물리적 틀 역할을 할 수 있다.

그러나 지금 진행되는 광장 만들기는 다소 문제가 있다. 행정력을 동원한 대형 광장 중심이라는 점, 자동차 도로로 둘러싸여 쾌적도가 현저히 떨어진다는 점, 실제 그 속에서 일어나는 행위에 대한 세밀한 관심 없이 큰 면적을 확보하는 차원에 머문다는 점, 공간의 성격이 광장과는 거리가 먼 점 등이다. 여전히 거대담론 중심의 대형 공적 영역이라는 70~80년대 인식에서 크게 벗어나지 못하고 있다.

시청 앞 잔디 광장을 보자. 5면인지 6면인지가 모두 넓은 자동차 도로로 둘러싸여 있다. 횡단보도를 만드는 등 조처를 취했지만 여전히 외딴섬이다. 그 속에 들어가 봐도 매연과 소음으로 편하지가 않다. 주변 건물들도 문제다. 일제강점기에 지어진 위압적 공무원 양식의 시청사를 필두로 고층 호텔과 오피스 빌딩

시청 앞 광장. 애썼다. 그러나 많이 부족하다. 들어가지도 못할 광장은 왜 만들었는지 모르겠다. 지금 사진처럼 관제 행사가 벌어질 때는 들어갈 수 있다.

시청 앞 광장의 용도는 대부분 시청에서 지하철역으로 가는 보행자 도로에 한정된다. 오른쪽의 광장은 들어가지도 못하게 되어 있으려니와 텅텅 비어 있는 데 반해 주요 용도는 보행자 도로에 집중된다.

이 병풍을 쳐놓은 것처럼 둘러막고 있다. 광장의 배경막이 너무 삭막한 것이다. 바닥은 더 문제이다. 잔디를 깔아서 활용도를 떨어트렸다. 유지 관리를 위해 예산이 많이 들어간다. 게다가 수시로 통제한다. 출입이 허용된 때에도 계절과 기후의 영향을 많이 받는다. 비라도 한번 오고 나면 질퍽거려서 마를 때까지 며칠은 기다려야 한다. 겨울에 잔디를 잘못 밟으면 죽기 때문에 겨울에는 더욱 출입이 제한될 수밖에 없다. 벤치, 가로등, 조형물, 우물, 분수 같은 기본적인 어번 퍼니처(urban furniture)가 없는 것도 문제이다. 여름 땡볕에 몸 가릴 그늘도 전혀 없다.

도로로 잘린 문제와 주변 건물의 문제는 모두 기존의 상황 때문에 어쩔 수 없는 것이긴 하다. 이런 주변 상황을 바꿀 수는 없다. 그러나 이런 환경에 대응하는 설계기법이 따로 있다. 광장 자체의 처리를 다르게 했다면 문제점들이 조금은 개선되었을 수 있다. 이렇게 안 한 이유는 사실 뻔하다. 시간이 오래 걸려 완공이 늦어져 실적 과시에 방해가 되기 때문이다. 하지만 이것은 매우 잘못된 해결책이다. 과거 군사정권 시절의 관행에서 못 벗어나고 있다.

실제로 지금 광장 속에서 일어나는 일을 보면 이런 판단을 더욱 분명하게 보여준다. 시도 때도 없이 관제 행사는 많이도 열린다. 과거 군사독재 시절 여의도 광장에 군중 동원해서 세뇌교육시키던 것에서 별로 변한 게 없다. 관제 행사 이외의 사용빈도는 현저히 떨어진다. 서울시의 정치 선전장에 불과한 느낌이다. 공간은 아직도 시민들 품에 돌아오지 않았다. 여전히 서울시에 소속된 공무원들의 공간으로 남아 있다. 시민들은 팍팍한 서울살이에 이만 한 구경거리도 없으니 호기심에 몰려들어 구경들을 한다. 하지만 이것은 절대 좋은 방향이 아니다. '이만 한 것도 없는 것보다는 낫다' 정도가 지금의 시청 앞 광장에 대한 평가이다. 서울시의 전략도 여기에서 크게 벗어나 보이지 않는다. 서울이라는 기형 도시의 문제점을 누구보다도 꿰뚫어 잘 알고 있는 그들이다. 이 정도만 내놓아도 선전만 교묘하게 해대면 이전에는 못 보던 것이니 생색내기에 충분하다는 전략이다. 하지만 이것은 그야말로 주는 사람 쪽에서의 횡포일 뿐이다. 설사 서울 시민들이 이런 걸 한번도 본 적이 없다고 하더라도 주는 쪽에서는 가장 최선의 것을 만들려는 마음가짐을 가지고 부단히 노력을 해야 한다.

가끔 전문가들이 문제점을 지적하고 다른 대안들을 제시하지만 당연히 먹힐 턱이 없다. 이보다는 시간이 좀 오래 걸리더라도 유지 관리도 쉽고 사용자의 입장에서 부담 없이 더 많은 행위를 자유롭게 할 수 있는 방향으로 갔어야 했다. 파란 잔디는 높은 곳에서 내려다볼 때에만 보기 좋다. 공중에서 찍은 사진을 이용한 홍보자료용일 뿐, 실제 사용자의 입장에서는 부담이 많이 간다.

광장이란 물리적 그릇만 만든다고 되는 것이 아니다. 세밀한 장치들이 더해져야 하고 시민들의 다양한 행위가 일어나야 한다. 시청 앞 광장에서는 앉을 곳 하나 없이 서성거려야만 한다. 이곳에서 할 수 있는 행위의 가짓수는 많이 제한되어 있다.

TV 화면에 잠시 비칠 때는 멋있어 보이지만 발품을 팔아서 실제 경험해 보면

세종문화회관은 도심형 광장으로 발전할 가능성을 가지고 있다. 하지만 현재 상태는 썩 좋지 않다. 높은 계단은 강한 단절을 만들어낸다. 사람은 광장과 직각 방향으로 스치듯 지나간다. 광장은 현수막이 걸리는 벽걸이 배경 이상으로 작용하지 못한다.

세종문화회관 뒷마당. 크기가 적당하고 주변 환경과의 밀착도가 높다. 분수연못, 벤치, 등나무 그늘 등을 갖추었다. 이런 조건들은 도심형 광장으로 발전하기에 유리하다. 실제로 이곳은 시민들의 사용도가 높은 편이다. 하지만 뒤에서 내려오는 높은 계단은 여전히 앞쪽과 단절을 일으키며 부담으로 작용한다.

친숙하게 느껴지지가 않는다. 들어올 때부터 발걸음이 부담스럽다. 들어와서는 10분 이상 머물 일이 없다. 또 오고 싶은 생각은 별로 안 든다. 광장이라기보다는 뚝 떨어진 곳에 만들어진 큰 공터처럼 느껴진다. 사람들 많이 모아 놓고 관제 축제 여는 데 초점을 맞춘 인상이다.

매일매일 벌어지는 사소한 일상에 대해서는 배려가 부족하다. 시민들의 일상생활을 풍부하게 해주는 기능은 오히려 축소된 느낌이다. 광장이란 도시생활을 돕는 것이어야지 제약하는 것이어서는 곤란하다. 일단 면적은 확보되었으니 앞으로는 더 많은 행위를 담아낼 수 있게끔 세밀한 보완이 있어야 할 것이다.

세종문화회관 주변은 좀 더 가능성이 많다. 대극장과 소극장으로 나뉘면서 그 사이에 여백을 가졌다. 후면에는 알맞은 종류의 쉼터가 있다. 광장으로 쓰이기에 알맞은 크기들이다. 자동차 도로로부터도 떨어져 있고 보도에서 바로 접근이 가능하다. 후면의 쉼터는 주변의 뒷골목 분위기(아직 조금 남아 있는)와 융화가 되고 있다. 무엇보다도 사용자들의 모습을 보면 이곳이 친밀한 시민의 공간으로 쓰이고 있음을 알 수 있다. 구성원도, 옷차림도 다양하다. 일어나는 일들도 그만큼 다양하다. 머무는 시간도 길다. 마치 내 집 마당처럼 가볍게 놀고 느릿느릿 걷다가 편하게 널브러져 쉴 수 있는 곳이다. 광장은 이래야 된다.

그러나 문제점도 보인다. 대극장과 소극장 사이의 여백이 높은 계단으로 단절되고 있다. 이 여백 속에는 좋은 가게들이 몇 개 있는데 계단으로 단절되면서 사람들과 따로 논다. 계단을 없애서 여백을 후면의 쉼터와 이어야 된다. 후면 쉼터 옆에 주차장이 있는 것도 문제다. 주차장과 맞닿아 있어서 쾌적도가 떨어지고 주차장한테 면적도 뺏기고 있다. 다른 해결책을 만들어 이것도 없애야 한다.

시청 앞 광장의 교훈에서 알 수 있듯이 도시 속에서 광장이 제 기능을 할 수 있기 위해서는 몇 가지 조건이 필요하다. 가능한 한 자동차 도로와 적게 면할 것, 보도 동선에서 곧바로 이어질 것, 큰맘 먹고 나들이하듯 가서는 곤란하며 집 앞 가게에 물건 사러가듯 일상생활의 일부분으로 쉽게 접근할 수 있을 것, 주변과 단절시키는 분리 장치가 없을 것, 바닥은 중요하기 때문에 내구성이 있으면서도 친근하고 보편적인 재료로 깔 것, 적절한 어번 퍼니처를 갖출 것, 앉아서 쉴 곳이 있을 것, 간단한 편의를 도울 만한 가게가 있을 것 등등이다.
광장은 그렇게 만만한 공간이 아니다. 몇 달 만에 잔디나 깐다고 하루아침에 생겨나는 것은 아니다. 그렇다고 대단한 것이 요구되는 것도 아니다. 조금만 정성을 기울일 마음의 준비만 되어 있다면 진부하고 쉬운 상식이다. 그렇지 못할 때는 쉽지 않은 까다로운 조건이다.
기준은 간단하다. 필요한 내용을 경험으로 느끼고 적절한 처리가 더해지면 쉽고 상식적인 조건이다. 발품을 팔지 않고 책상에 앉아서 만들면 맞추기 어려운 시험 문제이다. 그러기 때문에 유럽에서 광장은 오랜 세월에 걸쳐 시민들 손에 의해 자발적으로 형성되는 것이 보통이다. 산업혁명 이후에는 정부가 나서 단시일에 만들기도 했지만 이런 광장들은 그 이전 것들만큼 낭만적이지도, 그렇다고 효율적이지도 못하다.
광장은 도시에서 분명 중요한 요소이다. 대도시 중심으로 문명을 이끌어 온 유럽은 좋은 예이다. 최근 광장에 대해서 늘어나는 관심이 이런 유럽식 모델을 좇아서는 곤란하다. 유럽의 광장은 오랜 역사를 거쳐 온 그들만의 산물이다. 많은 사람들이 유럽 고도(古都)의 광장을 부러워하지만 그들과 같을 수는 없다. 중요한 차이가 있다. 가장 큰 차이는 광장에 대한 기본 인식이다. 유럽의 광장은 대도시 내의 직능 공간이었다. 경제, 정치, 종교, 행정, 사법 등 도시를 유지하는 기본 기능들이 일어나는 공간이었다.
우리는 많이 다르다. 우리는 우리에게 맞는 광장 모델이 있다. 씨족마을 입구에 있던 느티나무 그늘이다. 이런 전통은 20세기에 형성된 대도시에도 그대로 옮겨졌다. 사람이 같으니 환경이 같아지는 건 당연했다. 대도시도 시골 씨족마을과 유사한 동네라는 단위로 자연스럽게 나누어졌다. 골목길 어귀에는 느티나무 그늘에 해당되는 공간이 만들어졌다. 작은 공터일 수도 있고 구멍가게일 수도 있다. 누가 그랬는지 모르지만 평대가 깔렸고 동네 사람들이 옹기종기 모여 두런두런 얘기를 나눴다. 애들은 그 옆에서 배 깔고 누워 숙제를 했다. 모르는 게 있어서 물어보면 모여 있는 어른들이 머리를 합쳐 좋은 답을 내주었다.
우리의 광장은 이런 전통을 되살려내는 것이어야 한다. 우리의 느티나무 그늘은 유럽의 직능 공간과 달리 휴식 공간이었다. 유럽처럼 첨예한 이익이 부딪히고 이것을 합리적 규율로 조절하던 이성적 공간이 아니었다. 개인사를 합쳐서

시내 놀이터. 낮은 담과 자동차로 단절되어 있다. 이것부터 없애야 한다. 오피스 사이에 있는 공원이 점심시간인데도 텅 비어 있다. 담은 낮지만 사람을 쫓는다. 이 정도만 되어도 사람들은 강한 단절을 느낀다. 이것을 넘어 공원으로 진입하는 일은 무의식적으로 스트레스를 자아낸다. 무엇인가 마음먹고 하기 싫은 일을 하는 때처럼 긴장해야 된다는 의미이다. 시설은 사용은 쫓아내고 사용은 시설을 못 따라가고 있다.

더 큰 이익을 만들어내는 공적 공간이 아니었다. 평생 얼굴 보며 같이 살아가야 할 친한 사람들이 모여 정을 나누던 감성적 공간이었다. 개인의 기쁨과 슬픔을 함께 나누는 사적 공간이었다.

우리의 광장은 이것을 살려야 한다. 길이 아주 없는 것은 아니다. 그 가능성은 의외로 동네 놀이터에서 찾을 수 있다. 아파트 놀이터가 아닌 단독주택가 사이

한남동 소공원. 한국형 광장은 이래야 된다. 담이 없어 심리적 경계막이 걷혔다. 그러면서도 바닥 색은 달리해서 최소한의 영역 구분은 해 놓았다. 어린아이와 어르신이 함께 놀고 있다. 좁고 초라하지만 살아 있다. 사용은 넘쳐난다. 시설이 사용을 못 따라가고 있다. 사용이 시설을 이끌어간다.

에 있는 놀이터 말이다. 이런 놀이터들은 아직도 적지 않게 남아 있지만 대부분 빈 공간으로 덩그러니 방치된 경우가 많다. 이렇게 된 데에도 다 이유가 있다. 시설물이 미끄럼틀로 천편일률적이다. 요즘 애들은 과외 하느라 놀이터에서 놀 시간이 없다. 논다고 해도 시설이 더 좋은 옆 동네 아파트촌 놀이터로 간다. 게다가 너무 깊숙이 위치한 경우가 많다 보니 기껏해야 불량 청소년들이 몰려서 담배 피고 본드 맡는 곳 정도로밖에 인식이 안 되고 있다. 사정이 이러하다 보니 아이들도 어른들도 모여들지 않는 곳이 되어버렸다. 그리고 놀이터 이외에도 사람이 좀 더 많이 다니는 곳을 잘 찾아보면 자동차가 점령하고 있거나 놀고 있는 작은 조각 땅들이 의외로 많은 것을 볼 수 있다. 이런 것을 살려 소광장으로 만들어야 한다.

소광장의 좋은 예로 한남동 주택가 들목을 들 수 있다. 위치부터 괜찮다. 한남역에서 주택가로 들어오는 길목에 위치해서 사람들의 통행이 잦은 곳이다. 자동차 도로와도 '불가근불가원(不可近不可遠)'의 원칙을 잘 지키고 있다. 어린이 놀이시설과 어른들 쉼터가 함께 어우러져 늘 활기차게 사용되고 있다. 주변에 작은 일일장도 섰다. 이런 분위기에는 노점상이 더 잘 어울린다. 노점상이 합법적으로 운영되기에 적합한 환경이다.

아파트들이 밀고 들어오면서 이런 작은 숨통의 공간들은 점점 사라지고 있다. 아파트에서도 놀이터에 주민 장이 서는 것을 보면 아직도 우리들은 느티나무 그늘을 그리워하나 보다. 골목길 곳곳에 남아 있는 놀이터들은 서울시나 구청 소유인 경우가 많다. 이것만은 팔아먹지 말고 끝까지 지켜 살려내길 바라는 마음 간절할 뿐이다.

'맨공기 권리'를 제언하다 _ 금연

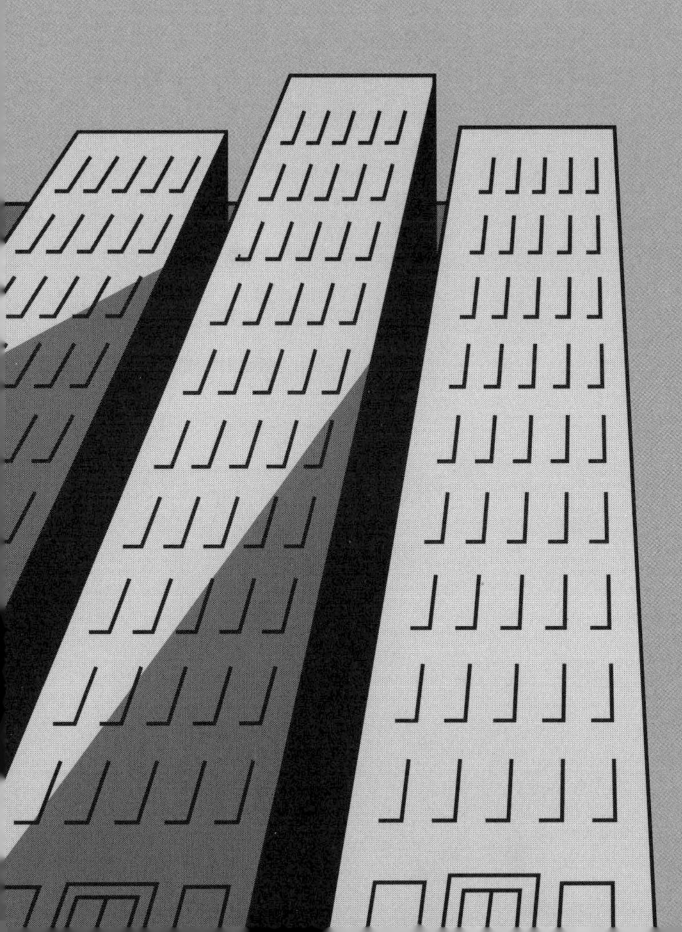

코엑스 몰 입구 밖. 담배 피우는 사람들이 점령해버렸다. 속으로 들어가려면 자욱한 담배연기를 뚫고 가야 한다. 용산전자상가의 한 건물 계단실. 양지바른 곳에 직원 셋이 모여 열심히 담배를 피우고 있다. '금연' 이라는 팻말에 반항이라도 하듯 그 아래에 재떨이를 놓고 피워대고 있다. 모두 실내 금연이 보편화되면서 나타난 기현상들이다. 강제 금연은 늘고 있지만 사람들은 실내외 모두에서 오히려 담배연기에 더 노출되고 있다. 왜 그럴까.

흡연이 실외로 내앉으면서 길거리가 담배연기로 뒤덮였다. 가장 심각한 곳은 건물 입구이다. 아예 '흡연구역' 이라는 팻말까지 붙이며 가장 많은 사람들이 오가는 출입구를 흡연구역으로 지정해버렸다. 건물 출입구가 담배연기로 오염되고 있다. 출입구 수난시대이다. 횡단보도에서 신호등을 기다려보자. 10여 미터 되는 폭에 매번 담배를 물고 있는 사람이 두세 명은 꼭 있다. 주변 사람들의 곤욕엔 아랑곳하지 않는다. 조금이라도 붐비는 길거리도 마찬가지이다. 아무 곳에나 서서 한 바퀴 돌아보자. 보행 중 흡연인 사람이 한 번에 한두 명은 꼭 눈에 들어온다. 그 사람이랑 가는 방향이 같기라도 하면 걷는 내내 꼼짝없이 담배연기를 맡아야 한다.

건물 출입구에서부터 시작해서 길거리 전체가 온통 담배연기에 뒤덮여 있다. 길을 오가다 보면 강제적으로 담배연기를 맡게 되어 있다. 흡연자 입장에서는 공기 중에 날라가버리니 무슨 상관이냐고 생각하겠지만 비흡연자 입장은 다르다. 담배 한 개비에서 나오는 미세먼지는 승용차 열 대 분에 해당된다.

맨공기도 엄연한 공간이며 권리이다. 하물며 건물 출입구는 더 말할 필요도 없다. 출입구 앞 흡연은 건물에서 근무하는 모든 사람들에게 흡연 이외의 추가 피해를 준다. 서울의 명문 K대. 광장 시설 입구에서 여러 명의 학생들이 담배를 피우고 있다. 안내 문구는 담배꽁초 관리를 잘해서 불나지 않게 하라는 것이 전부이다. 앉아 쉴 수 있는 곳이 몇 군데 만들어져 있지만 담배연기가 자욱해서 다들 피하며 빨리 지나쳐버리고 싶은 곳으로 전락해버렸다. 도서관이 주 시설인 이곳에서는 출입구 앞에 따뜻한 햇볕을 받으며 여러 사람이 어울려 잠시 쉬기에 적합한 공간을 정성 들여 만들어 놓았다. 그러나 담배 피는 사람들이 담배연기를 앞세워 난폭하게 점령하고 다 망쳐놓았다.

출입구는 건물의 얼굴이자 중요한 공간 가운데 하나이다. 출입구 흡연은 여러 면에서 건물의 첫인상을 나쁘게 만든다. 출입구 앞이 항상 담배연기로 자욱한 건물이 있다고 해 보자. 그 건물이 좋아 보일 리 없다. 젊은 사람들이 여럿 모여서 뻑뻑 담배나 빨아대고 있다면 그 건물의 인상이 어떻게 보이겠는가. 날씨라도 조금 추울라치면 주머니에 손을 넣고 덜덜 떨거나 건들거리면서 피운다. 건물 구성원들의 건강도나 젊음도를 의심하게 만드는 대목이다.

이런 현상은 시내 오피스 빌딩, 상가, 대학, 공공건물 등 여러 곳에서 쉽게 관찰할 수 있다. 일하다 담배 피우러 나온 젊은 사람들이 떼를 지어 웅성거리며 담

건물 출입구에 지정된 '흡연구역'과 항아리 재떨이. 이것은 최악의 해결책이다. 이것은 금지하고 큰 깡통이나 작은 컨테이너 같은 별도의 흡연실을 만들어주어야 한다.

배연기를 뿜어내고 있다. 이런 회사를 처음 방문하는 사람들은 회사에 대해 나쁜 이미지를 갖기 쉽다. 이것은 돌고 돌아 흡연자에게도 피해로 돌아온다. 예를 들어 내가 바이어라면 이런 회사하고는 거래하고 싶지 않을 것 같다.

실내 상황도 비슷하다. 계단실이나 화장실 같은 은밀한 곳에서의 몰래 흡연은 줄지 않고 있다. 아예 화장실에 재떨이를 놓은 곳도 아직 많다. 이 두 곳은 흡연의 간접피해가 더 크게 나타날 수 있기 때문에 실은 금연이 더 엄격하게 시행되어야 하는 곳이다. 그러나 은밀하고 구석지다는 이유만으로 실내 흡연의 마지막 보루가 되고 있다. 담배를 피우는 사람 입장에서는 절박한 마지막 몸부림이라 하겠지만 담배를 안 피우는 사람한테는 오기나 발악 같은 것으로밖에 보이지 않는다.

환기가 잘 안 되고 좁은 공간인 화장실은 금연이 더 강력하게 시행되어야 하는 곳이다. 화장실에 숨어서 담배를 피우는 사람들의 심리도 문제이다. 단순히 공간이 없어서가 아니라 가벼운 폐쇄성 질환의 성격을 갖는다. 이것은 흡연 자체가 어렸을 때 모성의 사랑이 결핍된 사람에게서 많이 나타난다는 연구보고와도 일치한다.

화장실 금연에 대한 우리의 인식 수준은 매우 낮다. 1990년대까지만 해도 화장실을 설계할 때 재떨이는 필수 액세서리였다. 소변기 옆에는 물론이요 대변칸에도 하나씩 설치했다. 이때 고민은 여자 화장실에도 재떨이를 넣어줄지 말지였다. 이 정도로 화장실은 당연히 담배 피우는 곳으로 인식되었다. 이것이 사라지지 않고 남아 있다. 아직도 화장실에 친절하게 재떨이가 구비되어 있는 곳이 많다. 일부 '금연' 이라는 문구를 붙이기는 하지만 화장실은 담배 피우는 사람들한테는 여전히 반가운 장소이다.

조금 봐 줄 수 있는 것이 배변 습관이다. 담배를 피워야만 똥 눌 수 있다고 스스

사무실 출입구 앞에서 직원들이 쪼그리고 앉아서 담배를 피우고 있다. 출입구 앞 흡연은 흡연 자체도 문제지만 더 큰 문제는 흡연의 분위기이다. 무엇인가에 쫓기듯, 무슨 큰 잘못이라도 하는 듯 흡연자 스스로 자기비하의 태도로 초조하게 담배를 빨아댄다. 이런 모습은 건물에 들어 있은 조직의 인상을 극도로 나쁘게 만든다.

로 생각하는 사람들이 의외로 많다. 의사들은 타당성이 없다고 하지만 이보다 더 중요한 것은 흡연자 스스로의 믿음이다. 이들에게 화장실 금연은 똥 누지 말라는 것과 같다. 문제는 이것이 개인 문제로 끝나지 않고 공공 공간에까지 이어진다는 데 있다. 집 화장실에서는 흡연을 할 수 없기 때문에 이들은 공공 화장실을 이용한다. 출근길 지하철 화장실이 좋은 예이다. 출근길 지하철 화장실에는 항상 담배연기가 가득 차 있다. 줄이라도 길어서 기다려야 되면 꼼짝없이 10~20분 동안 담배연기를 고스란히 맡아야 한다.

계단실도 해롭기는 마찬가지이다. 계단실은 굴뚝처럼 생겨서 담배연기가 전 층에 걸쳐 퍼진다. 전기 절약이나 운동 등과 같은 여러 이유로 가까운 층은 엘리베이터를 사용하지 않고 계단으로 걸어다니는 사람들이 늘고 있는 요즘, 계단실에 꽉 찬 담배연기는 계단을 오르는 사람들에게는 치명적이다.

흡연자들은 자신들의 흡연권이 갈수록 제한된다며 불만을 토로하지만 비흡연자 입장에서는 그 반대이다. 아직도 성인 흡연인구가 과반을 넘기 때문에 비흡연자들은 다수의 횡포가 곳곳에서 버젓이 행해진다고 생각한다. 적어도 패스트푸드점을 제외한 모든 식당에서 흡연권이 보장되고 있다. 비흡연자들은 밖에서 밥을 먹는다는 이유 하나만으로 원치 않는 담배연기에 무방비로 노출된다. 옆에서 피워대는 흡연자의 횡포에 속수무책으로 당한다. 반면 흡연자의 입장에서는 일반 사무실에서 금연이 철저히 지켜지기 때문에 자신들이 입는 피해가 이만저만이 아니라고 불만들이다.

피시방은 최악이다. 피시방의 공간 성격을 보자. 게임에 몰두하는 효과를 높이기 위해 창은 철저히 막아 놓았다. 환기가 전혀 되지 않는 상황에서 게임 중독자들이 무한정 담배를 빨아대는 곳이다. 게임 중독에 담배 중독의 이중 중독자들이 득실대는 곳이다. 피시방은 굴뚝 속 같거나 너구리 잡기 위해 연기 피워놓은 것 같은 곳이 되어버렸다.

2004년에 들어서야 법이 개정되어 피시방 내에서 금연구역과 흡연구역을 구별하도록 했지만 아무런 칸막이도 없이 단지 좌석만 따로 놓는 식이기 때문에 그 효율성은 전혀 없는 상황이다. 금연구역에 앉으면 코앞에서 담배연기를 맡는 일이 없기 때문에 간접흡연의 피해가 줄어들 것이라고 생각한 모양이지만 공기는 순환한다는 초등학교의 상식도 모르는지 어떻게 이런 걸 대책이라고 세웠는

소변기 앞에 붙어 있는 재떨이. 화장실이 흡연장소라는 인식은 아직도 많은 사람들, 특히 흡연인들 사이에 공고하게 남아 있다. 이것부터 없애야 하지만 문제는 쉽지 않다. 재떨이마저 없으면 꽁초를 변기에 버리기 때문에 변기가 막힌다.

지 모르겠다. 더욱이 흡연자가 금연구역에 앉아서 담배를 피우는 일도 당연하게 일어나고 있다.

결과적으로 금연구역이라는 간판이나 하나 걸어놓은 것 이외에는 아무런 제재 효과가 없다. 그럼에도 불구하고 정부는 구역 구획만으로 할 일 다 했다는 식이다. 가장 좋은 방법은 피시방 전체를 금연공간으로 만드는 것이다. 이것이 현실적으로 불가능하다면 흡연실과 금연실을 별도의 방으로 분리하는 강제 법안이 매우 시급한 상황이다.

담배를 피우는 친구에게 물어보았다. 담배를 안 피우는 사람이 옆에서 입는 피해에 대해서 한번이라도 생각해본 적이 있느냐고. 그 친구 대답이 요즘 금연 움직임 때문에 담배 피우는 사람이 받는 스트레스와 피해에 비하면 아무것도 아니라고 했다. 자신들은 해로운 물질을 그만큼 들이쉬는데 그 정도 갖고 뭘 그러느냐고도 했다. 물귀신 작전으로밖에 들리지 않는다. 담배 피우는 사람 입장에서는 나올 수 있는 대답이지만 객관성이 결여된 이기적인 생각이다. 그러나 담배 피우는 사람들은 대체적으로 이와 비슷한 생각들을 가지고 있다.

이것은 결국 흡연권과 비흡연권 가운데 어느 것이 우선하느냐의 문제이다. 흡연권과 비흡연권 사이의 공방이 실내외 곳곳에서 벌어지고 있는 셈이다. 미국은 금연운동의 선두주자답게 일찍부터 비흡연권에 우선권을 두어 비흡연자를 철저히 보호해왔다. 흡연 인구가 30퍼센트대 밖에 되지 않는 소수인 상황도 한몫 한다. 일본에서도 도쿄의 한 구에서 길거리 흡연마저 금지하는 등 이와 비슷한 방향으로 나가고 있다. 미국도 길거리 흡연을 금지하고 있는 주나 도시가 점점 늘고 있다.

반면 프랑스에서는 아직도 흡연권이 우선인 사회 분위기가 유지되고 있다. 흡연자의 즐거움을 위해 비흡연자들이 참으라는 식이다. 담배를 피움으로써 얻을

같은 남자 화장실의 서로 다른 두 장면. 소변기 앞에서는 '금연'이 '지금흡연'으로 고쳐져 있다. 이 정도는 애교로 봐줄 만하지만 어쨌든 흡연자들 스스로는 자신들이 나름대로 고통을 겪고 있다고 생각한다. 반면 대변 칸 옆면에는 '남자 화장실 내 절대 금연!'이라고 쓰여 있다. '지금흡연'이라는 문구에 대한 다소 감정적인 맞대응처럼 느껴진다. 금연자와 흡연자 사이의 치열한 신경전을 보는 것 같다.

수 있는 행복을 다른 사람이 막을 수 없다는 논리이다. 인간의 감각적 즐거움을 존중하면서 이것을 개성이나 인권의 한 형태로 보려는 프랑스의 오랜 전통의 산물이다. 그러나 프랑스도 멀지 않았다. 금연 움직임이 점차 커지고 있기 때문이다. 우리랑 음주, 흡연 문화가 비슷한 아일랜드에서는 술집에서의 흡연을 전면 금지했다. 처음에는 반발이 심했지만 그 이후 1년 만에 흡연율이 10퍼센트 이상 떨어졌다.

우리나라는 미국과 프랑스의 중간 정도인 것 같다. 우리나라가 앞으로 나아가야 할 방향은 물론 금연을 더욱 철저히 시행하는 것이다. 그러나 이와 동시에 흡연자를 위한 별도의 공간도 마련해주어야 한다. 실내에서는 흡연실을 별도로 둔 다음 화장실과 계단실 흡연을 철저히 단속해야 한다. 길거리도 마찬가지이다. 앞으로는 길거리 흡연도 강력하게 단속되어야 하지만 흡연자들을 위한 큰 깡통이나 작은 컨테이너 같은 것을 두는 것도 좋은 방법이다.

그러나 금연운동에는 흡연자들의 인격에 대한 섬세한 배려도 함께 고려되어야 한다. 한구석에 손바닥만 한 흡연실을 만들어놓고 흡연자를 내몰 경우 흡연자들이 느끼는 서글픔과 인격모독은 비흡연자들로서는 상상하기 힘들 정도로 크다. 비흡연권을 챙기는 일이 무슨 십자군 전쟁이라도 하듯 악에 대한 선의 승리처럼 굴어서는 곤란하다.

흡연자들이 겪는 고통 가운데에는 정작 담배를 못 피우는 데에서 오는 괴로움보다는 주변에서 자신들을 범죄자 취급하며 구석으로 몰아대는 시선도 큰 부분

돈암동의 한 거리는 금연 홍보거리로 꾸며졌다. 거리 바닥에는 'stop smoking'등 여러 글씨가 쓰여 있다. 길거리 흡연이 느는 걸 방지하려는 노력이 느껴진다.

을 차지한다. 비흡연권은 분명 흡연권에 우선하는 당연하고 소중한 권리지만 이것이 횡포로 변질되어서는 곤란하다. 흡연자들에게 최소한의 마지막 보루는 보장해주고 내몰아야 그 피해가 엉뚱한 곳으로 튀지 않는 법이다.

금연운동을 강행하는 데에는 미국식의 합리적 건강권을 지키되 프랑스식의 인격존중도 병행되어야 한다. 비흡연권을 강화하되 흡연권에 대한 최소한의 배려를 함께 해주는 양면적 전략이 필요하다. 길거리도 이런 양면 전략이 필요한 곳이다. 길거리 흡연마저 금지하고 있는 미국에서는 다른 대안적 장치는 만들지 않는 경향이다. 결론은 자기 집, 자기 방에서만 피라는 것이다. 이것은 흡연자가 소수인 미국이기 때문에 가능하다. 도쿄의 경우는 흡연버스를 따로 만들어 숨통은 틔워주는 편이다. 일본 방식이 우리에게 모델이 될 수 있을 것 같다. 길거리 흡연을 엄격히 금지하되 담배를 필 수 있는 별도의 공간을 마련하는 것이다.

많은 회사들이 최근 들어 흡연실을 없애는 추세이다. 이것은 두 가지로 위험하다. 한 가지는 흡연자의 인권이 무시될 소지이다. 흡연자들과 상의 한마디 없이 흡연실을 없애는 경우가 많다. 이런 태도는 지양되어야 한다. 흡연자들은 불쌍한 중독자일지언정 범죄자는 아니기 때문이다. 다른 한 가지는 출입구 흡연, 길거리 흡연, 화장실 흡연, 계단식 흡연, 등에서 보듯이 오히려 비흡연자들이 겪는 피해가 증가한다는 사실이다. 성매매처럼 막기만 했다간 풍선효과처럼 예기치 못한 악효과가 날 수 있다. 오히려 흡연실을 그냥 두거나 더 만들어주는 것이 비흡연자들에게는 더 고마운 일일지도 모른다.

서울의 진짜 나이를 생각하며 _ 도심복원

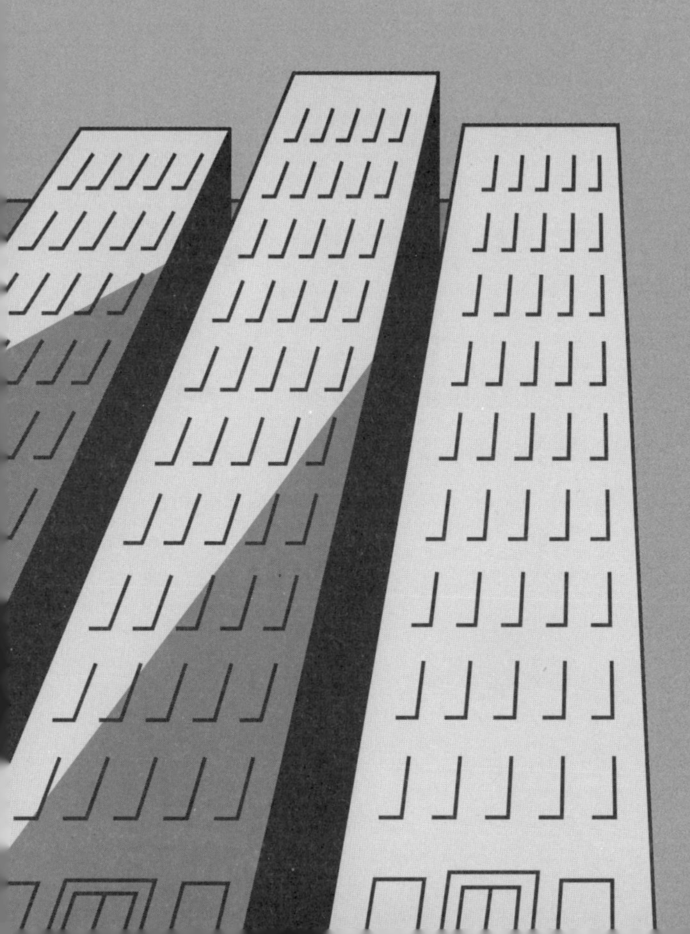

몇 해 전 국민의 정부 시절 복원된 경복궁 건물 가운데 하나에서 기둥이 휘어 재복원한 적이 있었다. 복원을 담당한 쪽에서는 나무를 말릴 충분한 시간을 주지 않고 몰아붙여서 벌어진 일이라고 했다. 넓게 보면 우리나라 복원 분야 전반의 문제점이 드러난 현상이다. 고건축 복원의 문제점은 기술과 지역의 두 측면에서 생각해볼 수 있다.

기술적 측면의 문제는 정통 전통기술이 사라졌다는 것이다. 대목이다 도편수다 해서 몇 분이 정통 전통건축술의 명맥을 이어오고는 있다. 더 없이 소중한 분들이지만 일각에서는 이 분들이 구사하는 기술의 정확성에 대해서 말도 많다. 그렇다고 다른 대안은 물론 더 없다.
일제강점기와 압축 개발기를 거치면서 우리의 정통 전통건축술은 씨가 말랐다. 이는 무형문화재 전반이 처한 문제이기도 하다. 예를 들어 조선시대 궁중 한복의 일인자라고 하는 A 선생님에 대해서 학계에서는 엉터리라고들 난리다. 그러나 학자들더러 해 보라 하면 물론 못 한다. 잘못된 것은 알겠지만 직접 모범 정답을 만들어내지는 못하는 것이다. 이것이 정통 전통기술이 어려운 이유이다.
모든 분야가 어렵고 힘들겠지만 건축의 경우는 다른 무형문화재와 다르다. 건축술은 무용이나 창 같은 개인 차원의 예술 분야와 달리 산업이 움직여야 한다. 그래서 지키기가 어렵고 한번 사라지면 되살리기도 힘들다.
문화재의 경우 정통 전통기술로 복원을 해야 한다는 사실은 첫 번째 조건에 속한다. 그렇지 못할 경우 과거에 대해 거짓말을 하는 것이 된다. 복원은 창작이 아니다. 그 건물이 지어지던 당시에 쓰였던 것과 똑같은 기술로 지어야 한다. 이것은 한 사회가 갖는 문화력을 결정짓는 중요한 기준이다. 국력의 문제인 것이다.

지역적 측면은 도시 스케일에서의 문제이다. 더 넓게는 우리의 역사 전반에 관한 문제이기도 하다. 한 나라의 역사가 진실인지 아닌지를 보여주는 직접적 증거의 문제이다. 1800년 된 부여나 1500년 된 경주에는 그에 맞는 오래된 지역이 남아 있어야 된다. 하물며 600년밖에 안 된 서울은 더 말할 것도 없다. 이것은 도서관에 역사자료와 고서가, 박물관에 유물과 미술품이 얼마나 많이 남아 있는가와 똑같은 문제이다. 지금까지 우리의 복원은 개별 건물 중심과 유구 중심으로 이루어졌다. 경복궁과 창경궁이 좋은 예이다.

지역의 복원은 이것을 뛰어 넘자는 것이다. 지역의 복원은 돈 내고 들어가서 구경하는 고궁 같은 것만으로는 부족하다. 사람들이 매일매일 먹고 자고 일하고 장사하는 생활의 공간으로 남아 있어야 한다. 그리고 가능한 한 중간에 공백 없이 모든 시대의 공간이 연속으로 이어져 있어야 한다. 이 기준에 의하면 지금 서울의 나이는 채 50이 안 된다. 이런 상황에서 600살이라고 주장하는 건 자칫 거짓말과 비슷한 것이 되어버릴 수 있다. 600살이라는 걸 증명하는 건 고궁밖에 없다. 그나마도 고궁 복원에서는 앞에 언급한 것과 같은 기술의 정확도 문제가 남아 있다. 나이를 먹긴 먹었는데 진짜 나이를 알 수가 없고 모든 게 부정확하다.

지역 복원의 대상으로 종로를 꼽을 수 있다. 다 알다시피 조선시대 종로에는 중산 상인들이 운영하던 가게들이 있었다. 이것을 복원해야 한다. 청계천 복원도 중요하지만 어떤 식으로든지 종로의 복원 문제에 대한 계획도 함께 세워졌어야 했다. 세종로에 대한 계획은 간간이 제기되지만 종로에 대해서는 별 얘기들이 없다. 기회는 있었다. 거슬러 올라가면 박정희 때가 가장 좋은 기회였다. 종로에 지하철을 놓으면서 땅을 팔 때 한 층을 더 팠어야 했다. 지하철 위에 지하차도를 만들고 땅 위는 차 없는 거리로 만들었어야 했다. 그리고 양쪽에 조선시대 전통 상점을 복원했어야 했다. 그러나 무교동 골목이 고층건물로 재개발되면서

종묘와 창경궁을 가로지르는 율곡로. 원래 하나로 붙어 있던 두 곳은 일제강점기 때 이 도로가 나면서 두 동강이 나버렸다. 이 도로는 지하로 뽑고 종묘와 창경궁은 원래대로 하나로 붙여야 된다. 청계천 복원도 이런 복원의 연장선에서 함께 해야 한다.

이런 기회는 영원히 사라졌다. 다소 지저분하더라도 최소한 그대로 남겨두었어야 했다. 그렇다면 지금쯤 종로 복원 논의가 시작될 수 있었을 것이다.
세종로도 마찬가지이다. 요즘 제기되는 세종로 개발안들은 공원으로 만들자는 것이다. 이것으로는 부족하다. 세종로 양편에는 조선시대 관청들이 줄지어 서 있었다. 이것도 복원해야 한다. 또 있다. 창덕궁-창경궁과 종묘를 자르고 지나가는 율곡로이다. 원래는 이 세 곳이 하나로 붙어 있었다. 일제강점기 때 이것을 갈라놓았다. 명분은 도로 건설이었지만 조선의 역사를 지우려는 목적도 중요한 이유였을 것이다. 율곡로도 지하차도로 뽑고 창덕궁-창경궁-종묘를 하나로 이어야 한다. 이렇게 되면 경복궁을 시작으로 세종로의 관청거리, 종로의 상가거리, 북촌의 한옥지대, 창덕궁-창경궁-종묘 등이 어우러지는 조선시대 도심이 부활하는 것이다. 여기에 인사동과 사간동 화랑가가 더해지면 조선시대에서 현재에 이르는 한 줄의 시간의 끈이 겨우 만들어지는 것이다.

청계천 복원은 이런 거대 계획의 일환으로 시작되어야 했다. 청계천 복원은 문화와 역사의 복원이어야 했다. 이렇게 되면 청계천의 복원 효과는 백 배 살아날 것이다. 복원 과정에서 발견된 많은 유물들이 이를 증명한다. 단순히 개천이 아니라 경복궁에서 종로를 거쳐 이어지는 역사의 일부분이었다는 증거이다. 시간상으로도 1년 만에 해치울 일이 아니었다. 30년 계획의 첫 단추, 즉 30분의 1이라는 생각으로 진중하고 포괄적으로 진행되어야 했다.

그러나 실제 진행상황은 그 반대로 진행되었다. 개천 하나의 복원에 초점이 맞추어졌다. 모든 기준은 경제적 효과로 집중되었다. 고도제한 완화가 유일한 논쟁거리였다. 복원 중간에 발굴된 문화재들은 '그깟 돌덩이가 뭐 중요하느냐' 며 내팽개쳐졌다. 복원된 개천 주변에 새로 세울 고층 건물의 높이가 얼마나 높아질 수 있는가가 유일한 관심이었다. 이것은 결국 개천을 복원해서 얼마를 챙길 것인가의 문제밖에 되지 않는다. 청계천 복원은 가장 큰 규모의 부동산 투기장이 되었다. 부동산 투기에 한 가닥 한다는 고수들은 다 모여들어서 로비가 난무하는 난장판이 되었다.

좁게 보면 디자인도 문제이다. 개천 복원에 무슨 디자인이냐 하겠지만 지금처럼 콘크리트 벽으로 삭막하게 세울 일은 아니었다. 서울시 전체에서 이렇게 중요한 비중을 차지하는 개천이라면 충분한 시간을 가지고 훨씬 세련되게 디자인되었어야 했다. 다리도 문제이다. 열 몇 개의 다리가 세워지지만 디자인의 관점에서 수작이라고 내놓을 만한 것이 있는지 모르겠다.

이런 부작용들은 청계천으로 무언가 끝장을 보려한 데에서 비롯되었다. 그 반대여야 했다. 잃어버린 우리의 나이, 서울의 역사를 되찾는 긴 계획의 출발점이어야 했다. 이것은 21세기의 중요한 화두이기도 하다. 21세기의 의무에는 발전제일주의나 첨단기술만 있는 것이 아니다. 전 세계적으로 21세기의 의무 가운데에는 분명히 20세기의 기술발전이 남긴 문제점을 치유하는 일이 첨단기술만큼 중요한 내용으로 들어 있다. 청계천은 참 좋은 기회였다. 그것을 날려버렸다.

청계천 복원 장면. 이번 복원으로 청계천과 조선시대 도심 사이는 고도제한이 완화된 고층건물로 강하게 단절될 것이고 이 단절은 최소한 100년 이상 갈 것이다. 청계천 복원은 이렇게 가서는 절대 안 된다. '종로-세종로-경복궁-종묘-창덕궁-창경궁-북촌'으로 이어지는 구도심 복원의 첫걸음으로 접근되어야 한다.

조선시대 도심의 복원이 너무 황당한 생각이라면 좀 더 현실적인 다른 예도 있다. 서울에 남아 있은 도시형 한옥의 보존, 복원 문제이다. 북촌이라 불리는 가회동은 대표적인 예이다. 가회동은 많은 사람들이 관심을 기울이고 관광 상품화 되어가면서 사정이 좀 나은 편이다. 이외에도 돈암동이나 정릉 등지에 아직도 일부가 남아 힘들게 버티고 있다. 대부분은 고층 아파트나 다세대주택 등으로 재개발되어 사라졌지만 아직 작은 블록 단위로 몇 채가 똘똘 뭉쳐 용케도 살아남았다.

이것은 단순히 한옥 몇 채의 개별건물 차원의 문제가 아니다. 돈암동과 정릉 일대는 일제강점기 때 한국식 전통 가옥, 즉 도시형 한옥이 지어지던 지역이었다. 용산의 일본군 기지를 끼고 일본인 동네로 개발되었던 원효로-청파동-후암동 일대와 대비되는 한국인 동네였다. 남산을 경계로 지금의 강남-강북에 비유되는 '산남-산북'의 대비구도가 형성되어 있었다. 시간의 끈을 서울의 역사 전체로 늘리면 이 일대는 20세기 전반부 중산 시민들의 흔적이 남아 있은 곳이다. 이 일대에 대해서는 일차적으로 아직 남아 있은 한옥들을 보존해야 하고 궁극적으로는 일정한 지역을 한옥 동네로 복원해야 한다.

복원 문제는 21세기의 중요한 화두로 떠오르고 있다. 건축에 국한시켜 보더라도 서구 선진국에서 복원 문제는 지역주의 양식의 일환으로 편입되면서 창작 활동의 중요한 소재역할도 톡톡히 해내고 있다. 단순히 고적의 대상에 머무는 것이 아니라 창작과도 중요한 연관성을 갖는 주제로까지 발전하고 있다. 복원을 지금 이 시점의 현실적 문제로 인식하고 있는 것이다. 과거와의 단절이 아닌 자연스러운 연장이라는 의미이다.

전통기술은 거꾸로 창작 분야에 모티브를 제공할 수도 있다. 전통기술이란 단지 톱이나 대패를 다루는 정도의 차원이 아니다. 건물에 대한 기본 인식, 재료

정릉 일대 한옥동네의 현재 상태. 용케도 살아남았다. 힘들었을 것이다. 고가도로와 고층 아파트 사이에 끼어 언제 헐릴지 모른다. 그러나 이를 악물고 지켜내야 한다.

를 확보하고 다루는 전 과정, 기술에 대한 기본 인식, 그 결과 얻어지는 다양한 축조성과 표면질감 등 포괄적인 개념이다. 이런 것들 속에는 현대적으로 응용될 수 있는 디자인 모티브들이 많이 숨어 있다. 전통기술은 고리타분한 옛날 얘기가 아니다.

실제로 주요 현대 건축가들은 자국의 전통기술로부터 창조적 아이디어들을 찾아내 걸작들을 남기고 있다. 우리에게는 아직 요원한 얘기이다. 문제는 여러 겹이다. 전통기술을 톱이나 대패 다루는 기능공 자격증 정도로 생각한다. 그러면서도 정작 그런 기능조차도 정확성을 장담할 수 없다. 하물며 전통기술과 관련된 문화 예술 전반의 포괄적 세계관은 너무 높은 차원의 얘기이다. 전통기술 자체가 온전하게 홀로 서지를 못했으니 지금 이 시점의 창작행위에 도움을 주는 것은 기대하기 힘들다.

이런 중요성으로 인해 전통 공예기술은 흔히 신화에 비유되기도 한다. 한 나라의 민족문화, 다시 한 나라 내에서의 다양한 지역문화를 이루는 요소로서 그 중요성과 의미가 신화와 같다는 얘기이다. 전통 건축술은 이것의 핵심을 이룬다. 이 기준에 의하면 전통 건축술을 보존하여 이것으로 복원작업을 하는 일은 잃어버린 신화를 되찾는 것과 같은 것이 된다.

우리는 이 모두를 갖지 못하고 있다. 단군신화 이외에 국민들이 알고 있는 우리 신화가 무엇이 있는가. 똑같다. 톱질이나 대패질 이외에 우리가 알고 있는 전통 건축술이 무엇이 있는가. 전통 건축술이 살아 있지 못한 현상은 신화를 잃어버린 것과 같은 현상이다. 이것은 우리의 뿌리가 없다는 얘기이다. 뿌리가 없는 문화는 자본의 논리, 정치의 논리, 외세의 논리, 세대의 논리, 매체의 논리 등 다른 요소들에 의해 끊임없이 흔들린다. 이런 상황에서는 한 사회 단위의 새로운 문화 예술도 온전하게 창조될 수 없다.

에필로그 _ 지켜야 할 세 가지 것들

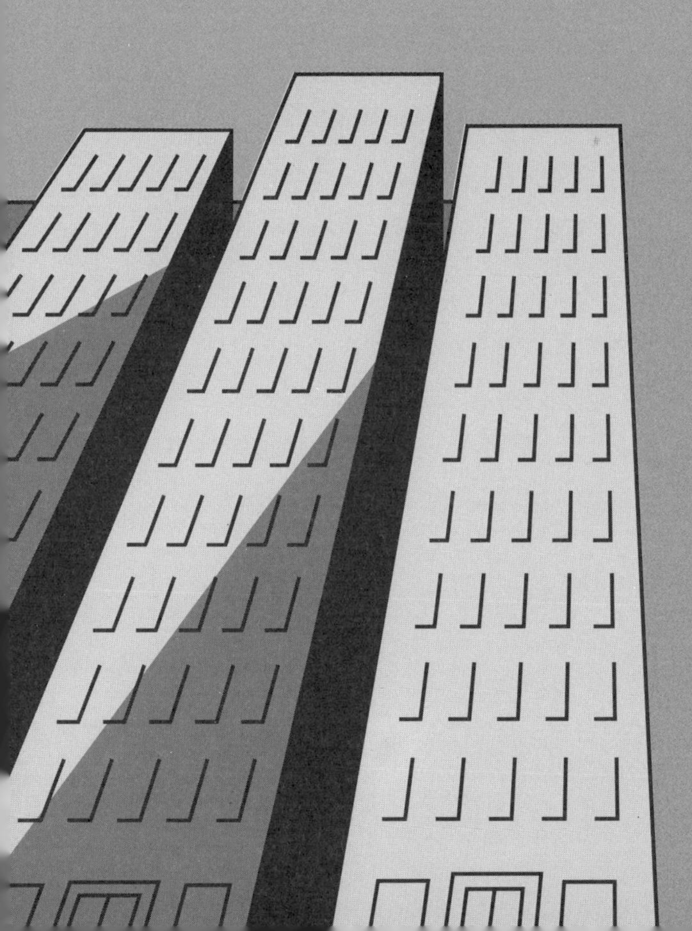

지금까지 우리의 건축 현상을 둘러싸고 일어나는 부정적 현상에 대해서 주로 비판적인 입장에서만 얘기를 해 왔다. 물론 이런 것들만 있는 것은 아니다. 긍정적 가능성도 관찰된다. 지켜야 할 것 세 가지를 들고 싶다. 결코 거창한 것은 아니다. 그보다는 보잘것없는 들풀에서 생명의 소중함을 찾는 것과 비슷한 심정으로 작은 것에서부터 찾고 싶다.

건축가의 임무에는 황제를 위한 웅변의 봉사만 있는 것이 아니다. 대중의 무의식 속에서 싹트는 작은 씨앗을 찾아내 세밀하게 돌보고 키울 줄도 알아야 한다. 한 시대의 진정한 정신이란 이 두 가지의 협동 작업으로 이루어진다. 지금까지 우리는 앞의 거창한 것에만 너무 매달려왔다. 빌딩도 아파트도 문화회관도 모두 크고 높고 거창하게 지을 생각만 했다. 관광을 가도 일류 문화재에만 몰려들었다. 이것은 그동안 충분했다. 이제 작고 초라한 것에서 새로운 가능성을 찾아야 한다.

지켜야 할 것 세 가지로 꽃가게, 거리의 책상, 골목길을 들고 싶다. 꽃가게는 숨막히도록 삭막한 도시환경에 한 줄기 희망을 던져준다. 채워진 내용물이야 더 말할 필요도 없다. 붉은 장미와 푸른 난초를 보고 싫어할 사람은 없을 것이다. 꽃가게 건물은 초라하지만 예쁘다. 꽃과 나무를 담는 밝은 유리는 자신의 부를 과시하기 위한 타워팰리스의 폐쇄적 유리와는 전혀 다르다. 공해와 스트레스에 찌든 피곤한 도시인들에게 잠시나마 따뜻한 감성을 나누어주었으니 가장 자기다운 투명성을 확보했다.
장식도 마찬가지이다. 러브호텔의 천박한 신전도, 영화관의 할리우드 양식도 아니다. 꽃이라는 딱 그것에 맞는 장식이다. 색도 그러하다. 모델하우스의 가식적 초록이 아닌 꽃이라는 딱 그것에 맞는 색이다. 꽃가게는 이렇게 보석처럼 삭막한 도시 사이사이에 박혀있다. 대도시의 도심이 고층건물로 재개발되면서 이런 꽃가게들도 사라져가고 있다. 이것은 지켜야 된다.
꽃가게는 또한 서울에서 근교로 넘어가는 길목에서 반가운 손님맞이를 해준다. 상일동, 수색, 분당입구 등 죽은 잡목과 쓰레기로 가득 찬 근교 길목에서 철따라 꽃과 나무를 바꿔가며 생명의 징표를 선사해준다. 10차로의 황량한 도로와

삭막한 도시 속에서 한 줄기 오아시스 같은 꽃가게. 붉은색이 상징하는 꽃의 생명성은 콘크리트 더미 속에서 좀처럼 갖기 어려운 즐거움이다.

20층의 삭막한 고층건물이 근교에서까지 반복되어야만 하는 우리의 망가진 현실에서 작은 안도의 숨을 쉬며 잠시 미소를 지을 수 있게 해준다.

거리의 책상은 다소 생소한 단어일 수 있으나 사실은 간단한 것이다. 사람이 앉아서 무슨 일이라도 할 수 있는 책상을 내 집 속에만 둘 것이 아니라 사람이 다니는 공적 영역에도 많이 만들자는 말이다. 벤치는 많이 볼 수 있으나 거리의 책상은 참으로 보기 힘들다. 거리의 책상이라는 단어가 생소한 것부터가 그동안 '거리' 와 '책상' 은 소와 닭처럼 아무 상관없는 사이였다는 것을 보여준다.
거리에 책상이 놓일 수 있는 곳은 참 많다. 놀이터, 공원, 광장, 대학 캠퍼스, 길거리 공터, 고층건물 앞 포켓 공간, 카페와 편의점 앞 등등이다. 이런 공적 영역에 벤치뿐 아니라 책상을 함께 두면 어떤 좋은 점이 있는가.
우선 4월 중순부터 10월 중순까지 최소한 6개월 동안은 외부에서 여러 가지 활동을 할 수 있다. 한가로이 쉬는 것은 물론이고 간단한 집안일도 들고 나와서 할 수 있고 공부나 사무잡일도 할 수 있다. 어르신들이 장기 두는 것은 물론이요 어린아이들은 보드게임도 들고 나와서 할 수 있다. 이외에도 활성화만 되면 생각 외로 많은 일들을 할 수 있다.
이렇게 집 밖에서 많은 일들을 하게 되면 그 자체로 좋은 점 이외에 다른 좋은 일들이 추가로 발생할 수 있다. 먼저 사람들 사이의 접촉이 많아진다. 집 밖에서는 늘 바쁘게 이동만 하며 서로 스쳐지나가기만 했다. 머묾이 생기면서 주변

환경과 주변사람들에 대해서 차분히 생각할 기회를 갖게 된다. 서로 보고 보여지는 것만으로도 새로운 가능성을 발견할 수 있다.
이것은 사람들 사이의 심적 교류를 증대시킨다. 환경에 대한 관심의 증대로도 이어진다. 집 밖 공간이란 몰래 쓰레기나 버리고 주차 문제로 옆집과 싸움이나 하던 불쾌한 공간이었다. 이것이 바뀌어 주변환경을 잘 가꾸어보고 싶은 마음이 생길 수 있다. 내 마음은 내 집 대문까지만 강하게 한정되어 있던 것이 슬그머니 대문을 넘어 그 밖으로 나와 옆집 사람의 마음과 만날 수 있다.
그동안 거리는 사람, 오토바이, 자동차 등이 지나가는 통과 공간으로만 인식되어 왔다. 거리에 책상이 나오는 경우는 갈비 구워먹을 때에만 한정되었다. 그러나 조금만 꼼꼼히 살펴보면 거리의 책상에 대한 수요는 의외로 많다. 종묘 앞 공원을 가 보자. 할아버지들이 벤치에 횡으로 걸터앉아 바둑과 장기 두는 데 열심이다.
서강대 도서관 옆 작은 정원을 가 보자. 달리 꾸민 것은 아무것도 없다. 널따란 책상만 10여 개 두었다. 학생들은 혼자서 공부도 하고 삼삼오오 모여 스터디도 한다. 영어회화 수업도 한다. 가끔 데이트하는 커플도 있다. 덕성여대 잔디 정원도 마찬가지이다. 주말이면 가족이 나와 공부도 같이하고 책도 같이 읽는다. 책상 몇 개 더 놓았는데 이렇게 좋은 일을 할 수 있게 된 것이다. 그 어느 공원보다 활기로 가득차고 알차게 사용되면서 공간이 살아 있다. 이것을 잘 지켜 집 앞 동네건, 도심의 고층건물 사이건, 놀이터와 대학 캠퍼스건 널리 퍼져나가야 한다.

종묘 공원 벤치에 앉아 바둑을 두고 있는 어르신들. 벤치만으로는 부족하고 책상이 필요하다. 외부공간에서 책상을 필요로 하는 수요는 생각보다 많다.

거리의 책상. 아직은 낯설고 위치도 찻길 옆이라 활용도는 떨어지지만 거리의 책상이 활성화될 수 있는 조그마한 가능성을 발견해본다.

골목길은 한국적 심성에 잘 부합하는 공간구도를 가지고 있다. 골목길은 미로의 포근한 친밀감을 기본 특징으로 갖는다. 어머니의 자궁 같다는 말이다. 스케일도 사람 크기와 잘 어울리는 적당한 규모를 유지한다.

담과 문은 '어깨너머' 라는 지금은 희소해진 인본주의적 척도로 이루어졌다. 골목길의 모든 공간 골격은 이곳에 사는 사람들의 자발적 참여로 만들어진 것이다. 경사지라는 자연지형과 옆집이라는 인간적 네트워크에 맞춘 것이며 마지막으로 사는 사람의 조형적 감성으로 마무리했다. 모두가 경험적 특수성의 가치들이다.

집과 집 사이, 골목길 어귀에는 적당한 공터가 만들어진다. 이것 자체가 하나의 숨통인 동시에 어린이 놀이터로 긴요하게 쓰인다. 평대라도 놓으면 시골에 두고 온 마을 어귀의 느티나무 그늘을 대체하는 훌륭한 공적 영역이 된다.

이런 골목길은 분명 높이 차이는 있으나 1층과 2층을 가지런한 계단이 가르고 이어주는 것 같은 물리적 수치로 환산되지 않는다. 파란 담을 조금 가다 계단을 세 단 오른 뒤 왼쪽으로 꺾어지면 전봇대가 있고 다시 초록 대문을 지나 오르막길을 오르면 우리집이 나오는 식이다. 조형 환경은 공간의 질적 차이로 파악된다. 그만큼 개개인의 개성이 존중되고 다양성이 지켜지는 공간 구조이다.

골목길에 담겨 있는 이런 특징들은 현대 건축가들이 만들어내고 싶어서 안달인 조형적 가치들이다. 현대 비유클리드 기하학으로 유명한 에셔의 '불가능한 공간' 혹은 '뒤틀린 공간' 시리즈는 우리와 유사한 북아프리카나 유럽의 고도들

다양성을 대표적 특징으로 갖는 골목길은 우수한 공간이다. 환경 개선과 위생을 위해 당연히 재개발되어야 하겠지만 골목길의 공간구도는 어떤 식으로든지 지켜져야 한다.

에 남아 있는 골목길을 보고 만들어진 것이다. 이런 내용들은 베르그송에서 들뢰즈에 이르는 현대 사상가들의 주장과도 일치한다.

한국의 골목길은 특히 능선에 자연적으로 적응한 산물이었기에 더 없이 아름답고 풍부한 콘텐츠를 가지고 있었다. 이렇게 소중한 보고를 우리는 아파트 재개발을 위해 지우개로 틀린 계산 지우듯이 너무 쉽게 없애버린다. 골목길을 밀어 없애고 능선을 허문 다음 30층짜리 아파트를 세우는 일이 당연지사가 되어버렸다.

이 가운데 상당수는 물론 소위 달동네라는 불량주택촌이었기에 언젠가는 헐려야 될 것들이었다. 그래도 두 가지 문제는 여전히 남는다. 한 가지는 달동네가 아닌 골목길도 훌륭한 예들이 많이 있는데 이것들도 예외 없이 똑같이 헐려나갔다는 점이다.

또 한 가지는 설사 불량주택이었기 때문에 헐렸다 해도 그 대안이 초고층 아파트로 나타나야만 했는가 하는 점이다. 새로 짓는다 해도 낮은 능선을 타고 나지막한 집들이 골목길의 공간구도를 가지며 옹기종기 아기자기 모이도록 지을 수도 있다. 미국과 유럽의 대도시들에는 이런 식으로 재개발한 예들이 얼마든지 있다. 아니 대부분의 재개발은 이런 식으로 이루어지고 있다. 우리처럼 능선 파내고 그 자리에 30층짜리 아파트를 세우는 재개발은 아주 비상한 경우 아니고는 벌어지지 않는다.

우리는 이제 골목길 같은 아담하고 포근한 동네에서 사는 것이 불가능해졌다.

한때 한국의 현대 건축가들도 골목길 구도를 현대적으로 혹은 고급예술로 재해석 해내려 잠시 애를 쓴 적이 있었다. 그러나 별반 성과도 없었으며 이제는 그나마 관심의 대상에서조차 사라져버렸다.

우리가 하찮은 것으로 무심코 지나치거나 심지어 방해되는 것으로 여기며 열심히 버려왔던 것에는 이처럼 우리가 처한 문제에 대한 소중한 해답들이 들어 있다. 지금 우리가 겪고 있는 수많은 갈등과 정신의 병은 건축을 삶을 위한 섬세한 공간 만들기로 보지 않고 돈벌이로만 보는 데서 기인한다.
삶의 질이다 웰빙이다 해서 해답을 구하려는 움직임들이 일고 있다. 그러나 대부분 먹고 입는 것에서만 찾을 뿐 정작 가장 중요한 사는 것에 대한 기본 인식은 조금도 변하지 않고 있다. 오히려 그 반대이다. 사는 것에서 돈 더 벌어서 먹는 것과 입는 것에서 웰빙을 해 보겠다는 것이 우리의 기본 인식이다. 가장 근본적인 문제를 고치지 않고서는 어림도 없는 발상이다. 우리가 사는 것부터 가장 먼저 둘러보아야 할 일이다.